AF263469

PUBLICATIONS
DE L'ÉCOLE FRANÇAISE D'EXTRÊME-ORIENT

ATLAS ARCHÉOLOGIQUE

DE

L'INDO-CHINE

MONUMENTS
DU CHAMPA ET DU CAMBODGE

PAR

LE CAPITAINE E. LUNET DE LAJONQUIÈRE

DE L'INFANTERIE COLONIALE
ATTACHÉ À L'ÉCOLE FRANÇAISE D'EXTRÊME-ORIENT

PARIS

IMPRIMERIE NATIONALE

ERNEST LEROUX, ÉDITEUR, RUE BONAPARTE, 28

MDCCCCI

PUBLICATIONS
DE L'ÉCOLE FRANÇAISE D'EXTRÊME-ORIENT

ATLAS ARCHÉOLOGIQUE

DE

L'INDO-CHINE

PUBLICATIONS
DE L'ÉCOLE FRANÇAISE D'EXTRÊME-ORIENT

ATLAS ARCHÉOLOGIQUE

DE

L'INDO-CHINE

MONUMENTS

DU CHAMPA ET DU CAMBODGE

PAR

LE CAPITAINE E. LUNET DE LAJONQUIÈRE

DE L'INFANTERIE COLONIALE
ATTACHÉ À L'ÉCOLE FRANÇAISE D'EXTRÊME-ORIENT

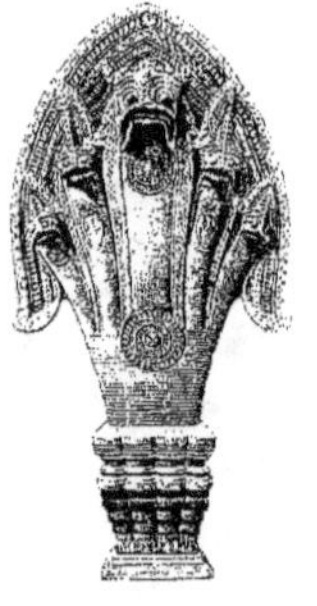

PARIS

IMPRIMERIE NATIONALE

ERNEST LEROUX, ÉDITEUR, RUE BONAPARTE, 28

MDCCCCI

PUBLICATIONS
DE L'ÉCOLE FRANÇAISE D'EXTRÊME-ORIENT

ATLAS ARCHÉOLOGIQUE

DE

L'INDO-CHINE

MONUMENTS

DU CHAMPA ET DU CAMBODGE

PAR

LE CAPITAINE E. LUNET DE LAJONQUIÈRE

DE L'INFANTERIE COLONIALE
ATTACHÉ À L'ÉCOLE FRANÇAISE D'EXTRÊME-ORIENT

PARIS

IMPRIMERIE NATIONALE

ERNEST LEROUX, ÉDITEUR, RUE BONAPARTE, 28

MDCCCCI

PRÉFACE.

Deux royaumes hindous ont laissé sur le sol de l'Indo-Chine des traces durables de leur civilisation : le Champa sur la côte orientale, le Cambodge dans les bassins du Mékhong et du Ménam. Une riche série de temples, de palais, de statues, d'inscriptions offre à l'histoire des documents d'autant plus précieux que les sources narratives sont plus rares et plus insuffisantes. Déjà les inscriptions diligemment étudiées ont permis de jalonner au moins de noms et de dates l'histoire ancienne de ces peuples. Pour des raisons évidentes, l'archéologie n'a pas marché du même pas que l'épigraphie. L'École Française d'Extrême-Orient ne saurait se dispenser de reprendre et de mener à bonne fin une étude qui intéresse à la fois l'histoire de l'Indo-Chine et celle de la civilisation indienne. Mais pour être poursuivies avec fruit, les recherches de détail doivent se fonder sur une vue nette de l'ensemble : pour analyser et comparer certains monuments, il faut connaître au moins l'aspect et la situation de tous, c'est-à-dire en posséder l'inventaire et la carte. Nous donnons aujourd'hui la carte archéologique de l'Indo-Chine; un inventaire descriptif est en préparation et sera prochainement publié.

Les limites de ce travail sont celles de l'Indo-Chine française. Que la frontière actuelle du Cambodge n'ait aucune valeur pour l'histoire et qu'une carte archéologique complète doive englober les anciennes provinces de cet État aujourd'hui incorporées au royaume de Siam, c'est de quoi nous sommes aussi convaincu que personne. Notre intention est donc de faire pour le Cambodge siamois ce que nous avons fait pour le Cambodge français. Mais attendre l'achèvement de cette seconde phase du travail eût été remettre à une date trop éloignée une publication reconnue urgente. Nous avons préféré ajourner ce complément nécessaire à une prochaine édition.

Pour la même raison et a fortiori nous avons exclu les antiquités d'origine chinoise ou annamite, dont la recherche eût entraîné des délais sans compensation suffisante, et qui, d'ailleurs, sont plutôt du domaine de l'histoire que de l'archéologie proprement dite.

On s'apercevra sans peine que cet ouvrage surpasse en exactitude et en précision tous les essais tentés jusqu'à ce jour pour la détermination cartographique des monuments de l'Indo-Chine. On appréciera peut-être moins facilement tout ce qu'il représente de labeur et de véritable dévouement. L'École Française d'Extrême-Orient a le devoir de reconnaître par un témoignage exprès de sa gratitude le zèle désintéressé dont M. le capitaine de Lajonquière a fait preuve dans ce travail et dans les autres missions qui lui ont été confiées. Attaché à cette Maison pendant deux ans, grâce à la bienveillance éclairée du regretté Général Borgnis-Desbordes, il a rendu à notre œuvre des services éminents qui ne seront pas oubliés.

Nous adressons nos remerciements à tous ceux dont l'obligeant concours a facilité nos recherches, et spécialement aux Résidents supérieurs et aux Administrateurs provinciaux, dont nous avons reçu une aide si cordiale et si efficace.

On a trouvé d'utiles indications dans le Cambodge de M. Aymonier et dans les rapports de M. Camille Paris sur sa mission en Annam. L'Inventaire sommaire des monuments chams que nous avons fait paraître l'an passé a été complété par de nouvelles informations dues à M. H. Parmentier, architecte pensionnaire de l'École Française d'Extrême-Orient, et à quelques correspondants.

Bien qu'on ait apporté tout le soin possible à cet ouvrage, on ne peut guère espérer qu'il soit entièrement exempt d'omissions ou d'erreurs. Toutes les rectifications qu'on voudra bien nous adresser seront reçues avec reconnaissance et examinées avec la plus grande attention. Nous espérons toutefois qu'aucun monument important ne manque sur ces cartes, du moins en ce qui concerne l'Annam et le Cambodge, car les régions inexplorées du Laos oriental gardent sans doute plus d'un secret que l'avenir nous révélera.

L. FINOT,
Directeur de l'École Française d'Extrême-Orient.

AVERTISSEMENT.

Cet atlas se compose de cinq cartes : A. Annam Sud; B. Annam Nord; C. Cambodge Sud; D. Cambodge Nord; E. Carte générale de l'Indo-Chine. Les quatre premières sont des cartes spéciales comprenant les régions où les monuments sont le plus nombreux; la cinquième donne la situation des monuments disséminés en dehors de ces régions.

Nous nous sommes servi, pour les établir, de la carte de l'Indo-Chine au ⁰·⁰⁰⁰ publiée par l'État-Major du corps d'occupation (édition de juin 1899). Cependant les différents voyages que nous avons dû entreprendre pour rechercher les monuments et fixer leur position nous ayant amené à traverser des régions encore mal connues, nous avons dû apporter quelques rectifications au tracé et ajouter quelques mouvements de terrain non indiqués sur ces cartes (Cambodge).

Les divisions territoriales ont été délimitées d'après différents documents administratifs.

L'emplacement des points archéologiques est marqué par un point rouge. Les points pleins indiquent ceux dont la situation topographique est parfaitement établie; les points vides, ceux dont nous avons déterminé la position d'après des renseignements précis; les points vides accostés d'un point d'interrogation, ceux qui ont été situés d'après des renseignements imprécis.

Les groupes d'édifices couvrant un assez large espace sont indiqués par un rectangle en grisé.

Les noms désignant les points archéologiques sont en rouge. Certains noms en noir — chefs-lieux de résidence pour la plupart — sont soulignés d'un trait rouge, signifiant que des documents archéologiques provenant de localités voisines ont été réunis en ce lieu.

Deux tables accompagnent ces feuilles.

Première Table. La première table est un inventaire sommaire des monuments par circonscriptions administratives. On s'est borné à en indiquer brièvement la nature, sans y joindre une description qui sera mieux à sa place dans l'Inventaire descriptif actuellement en préparation.

Les divisions administratives sont différentes pour les divers pays qui forment l'Union Indo-Chinoise.

La Cochinchine est divisée en *arrondissements*, représentant chacun à peu près une des anciennes provinces indigènes. À la tête de ces arrondissements sont placés des *Administrateurs*; mais l'administration provinciale annamite a été supprimée.

En Annam et au Tonkin, les provinces annamites ont été maintenues avec leurs divisions et leurs fonctionnaires indigènes. Un *Résident* est chargé de la surveillance administrative de chaque province. La Résidence a été établie tantôt au chef-lieu de la province annamite, tantôt sur un autre point. En outre, certaines villes importantes ont été soustraites à l'administration provinciale et placées sous l'autorité d'un Résident-Maire. Ceci explique que certaines provinces, comme celle de Quang-Nam (feuille B), aient jusqu'à trois villes désignées comme chefs-lieux : Tourane, résidence-mairie; Fai-Fo, siège du Résident chargé de la surveillance administrative de la province, et Quang-Nam, centre de l'administration indigène.

La vallée de Phan-Rang, dans la province de Khanh-Hoa, est administrée par un Vice-Résident dépendant du Résident de Nha-Trang. Nous avons classé les monuments de cette région sous le nom de la vice-résidence (Phan-Rang).

Au Cambodge, les provinces indigènes ont été maintenues avec leur personnel administratif. Elles ont été réunies par groupes; chacun de ces groupes, placé sous la surveillance d'un *Résident*, forme une circonscription appelée *Résidence* et désignée par le nom de la localité dans laquelle sont établis les bureaux de ce fonctionnaire.

Au Laos, les provinces indigènes (*muongs*) ont été réunies par groupes, sous la surveillance d'un *Commissaire du Gouvernement*, dont la circonscription s'appelle *Commissariat* et porte le nom de la localité où réside ce fonctionnaire.

Deuxième Table. La deuxième Table est un répertoire alphabétique des points archéologiques contenus dans l'Atlas. A la suite de chaque nom sont indiquées les différentes divisions administratives (pays, résidence, arrondissement ou commissariat, province) où il se trouve; la feuille de l'Atlas à laquelle il faut se reporter; enfin les degrés de longitude et de latitude entre lesquels il est compris. La recherche sera ainsi réduite à une surface restreinte, et par suite grandement facilitée.

Transcription des noms géographiques. Les noms géographiques portés sur les feuilles de cet Atlas sont d'origines diverses.

Quelques-uns, comme « Tourane, Cap Saint-Jacques, Île Verte, Montagnes de Marbre », ont été depuis longtemps donnés par les Européens à divers lieux dont ils ont fait oublier le nom indigène.

Les autres sont des noms indigènes et procèdent, par suite, des différentes langues en usage dans la péninsule : annamite, cham, cambodgien, thai, dialectes aborigènes.

Noms annamites. Pour les noms annamites, nous avons suivi la méthode de transcription appelée *quốc ngữ*, dont l'usage est très répandu dans l'Indo-Chine et qui est adoptée pour les pièces officielles. Nous n'avons pas cru cependant devoir surcharger les syllabes des nombreux signes diacritiques destinés à fixer le ton. La lecture des cartes serait ainsi devenue très difficile pour les personnes peu familiarisées avec cette transcription.

Les noms annamites en usage pour la désignation des monuments n'offrent pas tous grand intérêt au point de vue archéologique. Ce sont le plus souvent les noms des villages ou des quartiers sur le territoire desquels ces monuments sont situés.

Quelques monuments portent cependant des noms spéciaux qui sont, en général, précédés du mot *Tháp* 塔 = *stûpa* : Tháp Thốc-Lồ, Tháp Mui. Ce mot, qui ne devrait désigner que des édifices bouddhiques, s'applique improprement (comme le *that* des Thai et des Cambodgiens) aux sanctuaires brahmaniques.

Nous trouvons aussi le nom *Thanh Hồi* 城 回, « Forteresse des Mahométans », qui désigne encore une ancienne citadelle chame; et enfin des noms comme Nha-Trang et Phan-Rang qui, d'après M. Aymonier, seraient des noms chams annamitisés.

Noms chams. Il n'existe pas de système particulier pour la transcription des noms chams peu nombreux, du reste, dans ces cartes. Ils sont surtout en usage dans la circonscription de Phan-Rang. Ils doivent être lus suivant la méthode du quốc ngữ.

Noms cambodgiens. En l'absence de toute méthode officielle, nous nous sommes conformé le plus souvent à l'usage courant, en rectifiant cependant quelques anomalies injustifiables.

u, u', ao, ou, ay, ch ont la même valeur qu'en quốc ngữ; *eu* est un son intermédiaire entre *éu* et *ié*; *ö* = *ö* allemand; *ph* = *p* français suivi d'une aspiration.

Nous avons maintenu pour certains noms, comme *Kratié*, l'orthographe consacrée par une longue habitude, bien qu'elle s'écarte de l'orthographe cambodgienne.

Les monuments répandus dans les provinces cambodgiennes sont appelés *prah theat, prasat* ou *kuk*. Chacun de ces mots, dont le sens primitif est fort différent (*theat* = *dhâtugabbha*, stûpa bouddhique contenant des reliques; *prasat* = skr. *prâsâda*, « tour, belvédère »; *kuk*, « cellule »), semble avoir été employé, selon les régions, pour désigner tous les monuments anciens sans distinction, *prasat* étant usité surtout à l'Ouest et au Nord, *theat* dans les provinces de l'Est, et *kuk* spécialement dans les provinces de Chöng Prei et de Baray.

Le mot *Prah,* qui précède souvent les noms, qualifie une personne, un lieu ou une chose sacrée; *vat* est l'ensemble d'un couvent; *vihear,* le sanctuaire; *sras,* le bassin sacré.

Le vocabulaire géographique du Cambodge est très restreint, et les mêmes noms se répètent souvent de province à province. Nous citerons parmi les plus employés : *khet,* « province »; *phnom,* « montagne »; *tonle,* « fleuve, mer »; *veal,* « plaine »; *sré,* « rizière »; *phum,* « village »; *prei,* « forêt »; *prêk,* « rivière »; *stung,* « torrent »; *spean,* « pont »; *tuol,* « butte de terre »; *trapeang,* « mare »; *kompong,* « quai », etc.

Quelques adjectifs entrent dans la formation de ces mots : *thom,* « grand »; *toch,* « petit »; *chaup,* « puant »; *sruoch,* « pointu », etc.

Certaines provinces ou localités prennent des noms d'arbres fruitiers : *svay,* « manguier »; *trabek,* « goyavier »; *spư,* « carambolier »; *tenot,* « palmier à sucre »; ou d'arbres de forêt : *samroug, chevei, srelau.* Par exemple : *Svay Kabal Tưk,* « le manguier de la source »; *Kompong Spư,* « le quai du carambolier ». D'autres portent des noms de génies : *Spean Tenot Ta Deo,* « le pont du palmier de l'ancêtre Deo »; *Tuol Neak Ta Bak Ko,* « la butte du génie au cou coupé ».

Noms thai. Les noms géographiques laotiens employés dans cette carte sont peu nombreux; ils peuvent se lire comme le cambodgien.

Noms aborigènes. Nous n'avons eu à reproduire que deux ou trois noms géographiques appartenant aux dialectes des tribus de l'intérieur et nous n'avons pas eu, par suite, à nous préoccuper ici de leur transcription; mais on peut envisager dès maintenant qu'après les nombreuses reconnaissances topographiques faites récemment dans cette région, la question sera posée d'ici peu. Adoptera-t-on, au fur et à mesure des besoins, de nouvelles méthodes et compliquera-t-on ainsi la lecture déjà difficile des cartes indo-chinoises?

Maintenant que les parties françaises de la péninsule sont à peu près explorées, et que le Service géographique songe à dresser une carte définitive, il nous paraîtrait urgent d'établir un système général de transcription et de lui donner une sanction officielle.

Ce système ne saurait, à moins d'une complication excessive, prétendre à une parfaite exactitude scientifique; mais il pourrait, au moyen de notations simples et uniformes, donner la prononciation approximative des noms, supprimer des anomalies fâcheuses (comme celle que présente, par exemple, le signe *ph,* qui, à l'Est de la carte, a la valeur d'un *f* français, et à l'Ouest, celle de *p* suivi d'une aspiration), établir enfin l'ordre et la régularité dans la cartographie indo-chinoise, où les fantaisies individuelles menacent d'introduire l'incohérence et la confusion.

La Tenaille, le 20 août 1901.

E. DE LAJONQUIÈRE.

Table I.

RÉPERTOIRE DES MONUMENTS PAR RÉGIONS[1].

ANNAM.

RÉSIDENCE DE PHAN-THIET.
Province de Binh-Thuân.

Pho-Hai (v.) .... 3 édifices en briques; un liñga.
Thuân-Lương .... Construction moderne contenant les statues du roi cham *Po Klong Mo Nai* et de sa femme *Po Via Sưn*.
Ta-Ly .... Construction moderne contenant les statues du roi cham *Po Klong Gu Hul* et de ses deux femmes.
Thanh-Hiêu .... Construction moderne contenant la statue du roi cham *Po Nit*.
Nhaun-hin .... Autel de pierre.

RÉSIDENCE DE NHA-TRANG
ET VICE-RÉSIDENCE DE PHAN-RANG.
Province de Khanh-Hoa.

VICE-RÉSIDENCE DE PHAN-RANG.

Phan-Rang (v.) .... 2 piliers inscrits près de la Résidence; 3 piliers inscrits près de la Mission.
Chuong-My (v.) .... Vestiges de deux édifices en briques.
Yang Kur .... Stèle inscrite; roche inscrite.
Po Sah .... Stèle inscrite.
Ta Kun .... Stèle inscrite.
Po Klong Garai (*Temple de*). Groupe de 4 édifices en briques; un Nandin; un mukhaliñga; 4 pierres inscrites.
Da-Nê ou Batau Tabluh .. Rocher inscrit.
Glai Klong Anak (l.) .... Édifices en briques; stèle inscrite.
Po Nagar de Mong-Duc .. Stèle inscrite.
Po Ramé (*Temple de*) .... 2 édifices en briques; 1 bas-relief : personnage avec les attributs de Çiva; 2 statues de femmes, dont une portant une inscription sur la poitrine; 2 Nandin; 2 piliers inscrits.
Da-Trang .... Stèle inscrite.
Glai Lamu .... Stèle inscrite; 2 liñga; un Nandin.
Try-Thuy (v.) .... Bas-relief.
Hoa-Lai ou Nhora-Sơn (v.). 3 édifices en briques.

RÉSIDENCE DE NHA-TRANG.

Po Nagar de Nha-Trang .. 5 édifices. 3 statues. 11 inscriptions. 1 liñga.
Nha-Trang (Résidence)... Roche inscrite provenant de Vu-Cau.

RÉSIDENCE DE SONG-CAU.
Province de Phu-Yen.

My-Thanh (v.) .... Édifice en briques; sculptures.
Thanh-Hôi .... Citadelle; inscription signalée sur un rocher dominant la citadelle.
Nhân-Thap (v.) .... Édifice en briques; inscription dans une grotte sur la face sud du mamelon.
Île Verte (Village de My-Quan). Ruines d'un édifice en briques.

RÉSIDENCE DE QUI-NHO'N.
Province de Binh-Đinh.

Qui-Nhơn (Résidence)... 4 pierres sculptées de diverses provenances.
Binh-Dinh (v.) .... 3 inscriptions; nombreuses sculptures.
Hưng-Thanh (v.) .... 2 édifices en briques (*Thap-doi*); 2 piédestaux.
Thi-Thiên .... 5 édifices en briques (*tours d'argent*).
Thu-Thiên .... Édifice en briques; piédestal.
Vang-Tương (v.) .... 3 édifices en briques (*Dương-lang; tours d'ivoire*); sculptures.
Kinh-Tiên .... Édifice en briques (*tour de cuivre*).
Phươr-Lôc ou Thap Thoc-Lôc. Édifice en briques (*tour d'or*); piédestal.
Binh-Lâm (v.) .... Citadelle; édifice; liñga; Garuda.
Cha-Ban .... Citadelle; sculptures.
Quang-Tinh (v.) .... Emplacement probable d'un édifice.
Phương-Sơn (v.) .... Idem.
Xuau-My (v.) .... 3 édifices en briques.
Chau-Thanh (v.) .... Emplacement d'un édifice.
Ca-Xom (v.) .... Stèle inscrite.

---

[1] Les monuments sont désignés soit par un nom qui leur est propre, soit par le nom de la ville ou du village sur le territoire duquel ils sont situés, soit enfin par le nom du lieu. Dans le Répertoire, les noms de monuments ne sont accompagnés d'aucun signe; ceux des villes ou villages sont suivis de (v.), et les noms de lieu, de (l.).

RÉSIDENCE DE QUANG-NGHIA.
Province de Quang-Nghia ou Quang-Ngai.

Au-Minh (v.).......... Édifice en briques.
Quang-Nghia (Résidence). Pierre inscrite.
Chau-Sa (v.).......... Citadelle.

RÉSIDENCE DE FAI-FO.
Province de Quang-Nam.

Phu-Hou (v.)........ Ruines d'un édifice en briques; sculptures.
Khuong-My ou Cuong-My (v.).. 3 édifices en briques; sculptures: 3 bas-reliefs déposés au Musée de l'École.
Qua-My ou Hoa-My (v.).. 3 édifices en briques; roche inscrite en trois fragments, dont un a été porté à Phong-Lê; éléphant de pierre; un tympan et une stèle inscrite transportés au Musée.
Ha-Lam (v.)......... Linga inscrit.
Thuom-Duong (v.)..... Ruines d'un édifice en briques.
Dong-Duong (v.)...... Environ 7 édifices; 4 stèles inscrites: sculptures, dont 3 transportées au Musée.
Chim-Son (l.)........ Édifice en briques.
Tra-Kieu (v.)........ Vestiges d'une citadelle chame. Nombre de sculptures ont été transportées de ce point à Tourane.
Hon-Cuc............ Rocher inscrit.
My-Son (v.)........ Environ 25 édifices en briques: sculptures, dont 4 au Musée; 8 inscriptions, dont 5 au Musée.
Bang-In (v.)......... 3 édifices en briques.
Qua-Giang (v.)....... Ruines d'un édifice en briques.
Tourane (Jardin public de). Sculptures provenant de *Cuong-My, Qua-My, Tra-Kieu*, dont plusieurs sont aujourd'hui au Musée.
Montagnes de Marbre (l.).. Grotte avec sculptures.

Bo-Mang (v.)........ Emplacement d'une inscription transportée à Phong-Lê.
Phong-Lê (v.)........ Vestiges d'un édifice; sculptures; 2 inscriptions provenant de *Cuong-My* et de *Bo-Mang*.
Phu-Ninh (v.)........ Emplacement d'un édifice; sculptures.

RÉSIDENCE DE HUÉ.
Province de Thu'a-Thien ou Quang-Du'c.

Linh-Thai (v.)........ Édifice en briques; 2 piliers inscrits; sculptures.
Phu-Luong (v.)....... Stèle inscrite.
Ua-Diem (v.)........ Statue; bas-relief représentant les principaux dieux.
Hué (Environs de)..... Citadelle chame.
Thau-Phu (v.)....... Emplacement d'un édifice en briques.
Tu-Kieu (v.)......... Emplacement probable d'un édifice.

RÉSIDENCE DE QUANG-TRY.
Province de Quang-Try.

Cu-Hoan (v.)......... Quelques sculptures.
Hai-Lang (v.)........ Emplacement d'un édifice.
Nhan-Bieu (v.)....... Quelques sculptures.
Cô-Thanh (v.)........ Fragments de statues.
Bich-La (v.)......... Sculptures.
Ha-Trung (v.)........ Emplacement d'un édifice; sculptures; inscription.
Thach-Han (v.) lieu dit *Dong*. Emplacement d'un édifice en briques.

RÉSIDENCE DE DONG-HOI.
Province de Quang-Binh.

Phong-Nha (Grotte de)... Inscriptions.
Lac-Son (Grotte de).... Inscriptions.

COCHINCHINE.

Arrondissement du Cap Saint-Jacques.

Cap Saint-Jacques (v.).... Buddha de pierre, dans une pagode annamite.

Arrondissement de Bien-Hoa.

Bien-Hoa (v.)........ Statue de Visnu avec inscription, dans la pagode de *Buu-Son*, hameau de *Binh-Thanh*, village de *Binh-Truoc*; statue de Ganeça, pagode de *Hoi-Phuoc*, village de *Tan-Trieu-Dong*.

Arrondissement de Sadec.

Thap-Mui............ Ruines d'un édifice en pierres; les inscriptions qui s'y trouvaient autrefois ont été dispersées.

Arrondissement de Chaudoc.

Linh-Tê (v.)......... Ruines sur la montagne appelée *Vai Son* par les Annamites et *Phnom Sram* par les Cambodgiens.
Nui Cam (l.)......... Vestiges divers.

Arrondissement de Long-Xuyen.

Nui Bathé (l.)........ Ruines d'un édifice en briques.

Arrondissement de Bac-Liêu.

Tra-Long............ Thap à une journée de marche de ce village.

CAMBODGE.

RÉSIDENCE DE SVAY RIENG.
Province de Romduol.

Svay Rieng (Résidence).. Stèle inscrite; linga; sculptures.
Bassak (v.).......... Emplacement de 3 édifices ruinés.
Prah Tonle (l.)....... Emplacement d'un édifice ruiné.
Samrong (v.)........ Stèle inscrite.

RÉSIDENCE DE PREI VENG.
Province de Ba Phnom.

Vat Kandal (près *Kp. Krang Leo*). Stèle inscrite.
Vat Prei Chavek....... Stèle inscrite.
Vat Prei Veau........ Stèle inscrite.
Yeai Tei............ Édifice en briques avec enceinte.

Vat Ha. . . . . Stèle inscrite.
Banteai Chakrei . . . . Enceintes et levées de terre.
Vat Prah Sena. . . . . Sculptures.
Vat Kandal (près Vat Hang Phnang). Sculptures.
Vat Hang Phnang. . . . . . . Nombreux débris de sculptures.
Prah Peau. . . . . Sculptures
Vat Chan Na. . . . . Sculptures.
Kedei Ang (l.). . . . . Emplacement d'édifice; stèle inscrite.
Vat Kedei Trap. . . . . Pierre inscrite: pierres taillées provenant de monuments.
Vat Krang Sray. . . . . 3 pierres inscrites; une statuette.
Vat Prasat. . . . . 2 édifices en briques; une statue.
Prah Vihear Chan. . . . . . . Stèle.
Prah Vihear Thom. . . . . . . Édifice en briques et limonite; statues.
Prah Theat Pong Pah. . . . Édifice en briques; sculptures.

Province de Prei Veng.

Prei Nokor (l.). . . . . Levées de terre formant enceinte.
Keom Pradös (v.). . . . . . . Stèle; sculptures.
Phnom Koug. . . . . Sculptures.
Nokor Tret. . . . . Emplacement d'édifice.
Prah Theat Mebon. . . . . . . Vestiges de 2 édifices en ruines: inscriptions.
Thlan (l.). . . . . Emplacement d'édifice.
Aba (l.). . . . . Débris de sculptures.
Thnal Chei (l.). . . . . Débris d'un ou de plusieurs édifices: piliers inscrits; sculptures.
Tuol Prah Theat. . . . . Vestiges d'édifice. Sculptures.

Province de Sithor Sdam.

Vat Prei Pla. . . . . Édifice en briques.
Vat Ka Christ. . . . . Édifice en briques.
Kralanh Thom (l.). . . . . . Piédestal portant des inscriptions.
Suog Pol (v.). . . . . Emplacement d'une inscription qui a été déplacée.

Province de Sithor Kandal.

Vat Phau. . . . . Stèle inscrite.
Prei Chöng Srok (l.). . . . . Ruines d'un édifice en briques.

RÉSIDENCE DE KOMPONG CHAM.

Province de Srei Santhor.

Vat Sithor. . . . . 2 stèles inscrites: plusieurs chedei.
Yeay Ban (l.). . . . . Emplacement d'un ou de plusieurs édifices.
Prah Vihear Suor. . . . . . . Vestiges d'édifices en briques; sculptures.
Chan Laeng (v.). . . . . 3 édifices en grès. limonite et briques.
Baray Prah Theat. . . . . . . Édifice en limonite et grès.
Seay Sai Phuom (v.). . . . . Stèle sculptée et inscrite.

Province de Thbong Khmum.

Prah Theat Khuai Van. . . . Édifice en briques. Deux pierres inscrites.
Tuol Chavek (l.). . . . . Pierre inscrite.
Phum Mien (v.). . . . . Édifice en briques; inscriptions.
Prasat (près Chral). . . . . . 4 édifices en briques: 2 piliers inscrits.
Prah Theat Chral. . . . . . . Édifice en briques; statue.
Prah Theat Sram. . . . . . . Édifice en briques; piédestal.
Prah Theat Prah Srei. . . . Édifice en briques, grès et limonite restauré. Un autre édifice en limonite. Stèle inscrite: six piliers inscrits: statues; sculptures.
Banteai Prei Angkor. . . . . Enceinte en levées de terre. 2 groupes d'édifices en briques. 2 piliers et un linteau inscrits.

Prei Ky (l.). . . . . Trois édifices en briques.
Chöng Aug (l.). . . . . Édifice en briques: enceinte en limonite: 2 piliers inscrits.
Samdei (l.). . . . . Édifice en briques.
Sang Sang (l.). . . . . Emplacement de 3 édifices en briques.
Prah Theat Khtom. . . . . . 2 édifices en briques et limonite avec enceinte: stèle inscrite.
Prah Theat Prah Chorei. . . Édifices en briques et limonite avec enceinte.
Prah Theat Poureai. . . . . . Édifice en limonite.
Antiu (v.). . . . . Pierre inscrite.
Kor (v.). . . . . Stèle inscrite.

Province de Kompong Siem.

Hau Chei. . . . . Édicule en briques: cellule en grès; une porte; 2 montants de porte inscrits.
Phnom Pros. . . . . Édifice en limonite; pierre sculptée.
Vat Nokor (ou Phnom Bacheg). Grand édifice en grès et limonite avec galerie et enceinte: sculptures: stèle inscrite.
Kompong Cham (Résidence). Statues et pierres sculptées de provenances diverses.
Dambaug Dek (v.). . . . . . Emplacement d'un édifice en limonite.
Vat Kralaug. . . . . Stèle inscrite.
Ampé (l.). . . . . Édifice en briques.
Sang Khe (v.). . . . . Stèle inscrite provenant de Veai Hom.
Veai Hom (l.). . . . . Édifice en grès: enceinte en limonite. Sculptures.
Kuk Ta Prohm. . . . . Édifice en limonite.

Province de Chöng Prei.

Prah Non. . . . . Plusieurs édifices en briques et limonite: enceinte en limonite: sculptures.
Kuk Impil Thear. . . . . . . 3 édifices en briques: enceinte en limonite: sculptures.
Trapeang Kuk. . . . . Édifice en briques.
Prah Kot (l.). . . . . Édifice en briques: 2 montants de porte et un linteau inscrits.
Trapeang Srok (l.). . . . . . Édifice en briques et limonite.
Pring Chrom (l.). . . . . . . Édifice en briques: enceinte en limonite; 2 montants de porte inscrits.
Phum Pa Pros (v.). . . . . . Édifice en briques.
Phnom Trop. . . . . Groupe de 4 édifices en briques: encadrement de porte en grès: porte monumentale en limonite: montant de porte inscrit.
Sandek (l.). . . . . Emplacement d'édifices ruinés. (Plusieurs pierres sculptées et un pilier inscrits ont été transportés de cet endroit à la pagode de Tang Krasang au Sud.)
Kuk Khret. . . . . Édifice en briques.
Prah Bat. . . . . Édifice en limonite: une terrasse: pierres sculptées.
Phnom Thom. . . . . Plusieurs édifices en limonite et briques: enceinte en limonite; galeries; sculptures.

RÉSIDENCE DE KRATIÉ.

Province de Stu'ng Trang.

Phnom Monti. . . . . Édifice en briques.
Sopheas (v.). . . . . Plusieurs édifices en briques; pierre inscrite; débris de statues.
Spæ (v.). . . . . 2 édifices en briques.

Province de Kratié.

Samrong (l.) . . . . 2 stèles inscrites, transportées au Musée.
Prah Theat Kran Pi . . . . . 3 édifices en briques.
Tuol Charek (l.) . . . . Pierre inscrite.
Phum Sala (v.) . . . . Pierre inscrite.
Thma Kré . . . . Roche inscrite.
Phnom Chambok Meas ou Phnom Sambok. Édifice en briques.

Province de Sambor.

Koh Sam Thom . . . . Statue.
Sambor (v.) . . . . Édifice en briques: pierres sculptées: 4 montants de porte inscrits: 2 pierres inscrites. (Ces inscriptions et ces sculptures ont été transportées au Musée de l'École.)
Tuol Trapeang Thma (l.) . . Emplacement de 3 édifices en briques. Un montant de porte inscrit a été transporté au Musée.
Luong Prang (l.) . . . . Emplacement d'un édifice en briques.
Trapeang Prei (l.) . . . . . . Emplacement d'un édifice en briques.
Tuol Kamnap (l.) . . . . Emplacement d'un édifice en briques avec enceinte.
Koh Krieng . . . . Emplacement d'un édifice. Une statue a été transportée de ce point au Musée.

RÉSIDENCE DE KAMPOT.
Province de Kompong Som.

Phnom Khlong . . . . Emplacement d'un édifice.

Province de Kampot.

Phnom Ngak . . . . Emplacement d'une stèle inscrite qui a été enlevée et transportée on ne sait où.
Prah Kuhear Luong (l.) . . Stèle inscrite dans une grotte.
Phnom Totung . . . . Stèle inscrite dans une grotte.

Province de Peam.

Phnom Sech Khang . . . . . Édifice en briques.
Phnom Prasat . . . . Édifice en briques.

Province de Banteai Meas.

Prah Ongkar (l.) . . . . Stèle inscrite.
Vat Thani . . . . Édifice en limonite.

RÉSIDENCE DE TAKEO.
Province de Treang.

Badai (l.) . . . . 3 pierres inscrites.
Kompong (l.) . . . . Édifice en briques.
Prah Trapeang . . . . Édifice en briques.
Cheu Chua (v.) . . . . Centre de plusieurs emplacements; ruines d'édifices en limonite: 2 pierres inscrites.
Prasat Ta Nheu . . . . 2 édifices en briques.
Prasat Prah Kuh . . . . . . Édifice en briques.
Bayang (l.) . . . . Plusieurs édifices en briques, grès et limonite avec enceinte.
Ang Pu (v.) . . . . Emplacement d'une stèle et de statues actuellement au Musée Guimet.
Phnom Kleang . . . . Emplacement d'un édifice en briques.

Phnom Santong . . . . Emplacement d'un édifice en briques.
Prei Mien (v.) . . . . Stèle inscrite.
Prasat Thleai Ouest . . . . . Emplacement d'un édifice en briques.
Vat Tonle Liem . . . . Emplacement d'un édifice: grand bassin.
Pauhear Har (v.) . . . . 2 édifices en briques: 2 montants inscrits complètement écaillés.
Prasat Thleai Est . . . . . . Emplacement d'un édifice en briques.
Baray (l.) . . . . Édifice ruiné.

Province de Prei Krebas.

Maha Rosei . . . . Édifice en grès.
Phnom Da . . . . Édifice en limonite.
Angkor Borei (v.) . . . . . . 2 pierres inscrites.
Vat Trapeang Koh . . . . . . Emplacement d'un édifice.
Antok (v.) . . . . Stèle inscrite.
Prei Phkeau (v.) . . . . Stèle inscrite.
Samrong (v.) . . . . Stèle inscrite.
Chamnon (v.) . . . . Stèle inscrite.

Province de Bati.

Phnom Chisor . . . . Plusieurs édifices en grès et limonite, briques, avec enceinte et galeries: stèle inscrite: montant de porte inscrit.
Prasat Neang Khmau . . . . 3 édifices en briques; 2 montants de porte inscrits: une stèle inscrite.
Prasat Sras Keo . . . . Édifice en briques.
Trapeang Prah (v.) . . . . . . Emplacement d'un édifice en briques; statues.
Vat Temt . . . . Pierre inscrite.
Vat Kakas . . . . Sculptures nombreuses: cuvettes à ablutions: vaste sras.
Banteai Trau (v.) . . . . . . Cuvettes à ablutions; débris de statues.
Phnom Thma Doh . . . . . . Édifice en briques: statues.
Phnom Ta Mau . . . . Édifice en briques; sculptures.
Vat Bati . . . . Grand monument en grès (Ta Prohm), avec enceinte et galeries en limonite. Un autre petit monument en grès (Yeai Pou). Statues, dont 5 ont été transportées au Musée: 2 pierres inscrites.
Vat Prei Seu . . . . Pierre inscrite.

RÉSIDENCE DE KOMPONG SPU'.
Province de Kandal Stu'ng.

Vat Krapü Chuet . . . . Pierre inscrite.
Vat Prah Theat . . . . Sculptures: pierre inscrite.
Tuol Kampot (l.) . . . . Emplacement de plusieurs édifices en briques.
Vat Prasat . . . . Édifice en briques restauré.
Tuol Thbom (l.) . . . . Emplacement de plusieurs édifices en briques.

Province de Kong Pisei.

Vat Prah Nirpean . . . . . . Emplacement de plusieurs édifices en briques; montant de porte inscrit; linga inscrit.
Vat Hu Phau . . . . Édifice en briques: pierre inscrite.

Province de Samrong Tong.

Phnom Baset . . . . Plusieurs édifices en briques; sculptures.
Phnom Prah Reach Trap . . Sculptures de provenances diverses.

RÉSIDENCE DE PHNOM PENH.

Province de Phnom Penh.

Vat Svay Chuo .... Emplacement d'une stèle inscrite.
Phnom Penh (Vat Botumvodei). 3 pierres inscrites de provenances diverses.

Province de Muk Kompul.

Prasat Kuk .... Édifice en briques.

RÉSIDENCE DE KOMPONG CHNANG.

Province d'Anlong Reach.

Phnom Chidos .... Édifice en briques.

Province de Kompong Len.

Phnom Ti Pi .... Plusieurs édifices en briques; sculptures.
Prasat Prah Srei .... 3 édifices en briques.
Prasat Toch .... Édifice en briques; pilier inscrit.
Prasat Kula .... Édifice en briques.
Prasat Phnom Poureai .... 3 édifices en briques.

RÉSIDENCE DE KOMPONG THOM.

Province de Baray.

Kuk Vokor .... Plusieurs édifices en limonite avec enceinte et portes monumentales.
Vat Kuk Srolau .... Emplacement de plusieurs édifices en briques.
Baray (v.) .... Emplacement d'un édifice en briques; 3 pierres inscrites.
Prasat Tenot Chum ..... Édifice en briques; stèle inscrite.
Prasat Kaahat .... Édifice en briques; montant de porte inscrit.

Province de Tang Kasang.

Phum Prasat (v.) ...... Édifice en briques.
Sdau Andeng (L.) ...... Emplacement d'un édifice.
Kuk Koh (v.) .... Stèle inscrite.
Phnom Santuk .... Sculptures bouddhiques.

Province de Prei Kedei.

Phnom Borieng .... 3 édifices en briques; sculptures.
Prasat Neak Ta Palap. .. Édifice en briques.

Province de Kompong Svay.

Vat Kedei Char .... Emplacement d'une stèle transportée en France.
Prasat Eng Khan ...... Emplacement d'un édifice en briques.
Vat Maha .... Emplacement d'un édifice; sculptures; 1 montant de porte inscrit.
Bang Dannak (L.) ..... Levées de terre; enceinte.
Sambuor (v.) .... Groupe de monuments en briques; montant de porte inscrit.
Prasat Veal Kuk Klang .. 3 édifices en briques avec enceinte; 2 montants de porte inscrits.
Trapeang Pros (L.) ..... 3 édifices en briques.
Prasat Cheachut .... Édifice en briques.
Svay Dannak (v.) ...... Stèle inscrite.
Prasat Bang .... Plusieurs édifices en limonite avec enceinte; pierre inscrite.

Prasat Khan .... Plusieurs édifices en limonite avec enceinte; stèle inscrite.
Prah Khan .... Grand monument avec enceintes, galeries et portes monumentales, comprenant plusieurs édifices; montant de porte inscrit.
Prah Thkol .... Monument à terrasses.
Spean Komeng (ouest de Prah Khan). Ponceau en limonite et grès; près de ce pont, ruine d'un édifice en limonite.

Province de Stung.

Vat Rosei Chas. .... Sculptures.
Vat Moksmg. .... Sculptures.
Prasat Andek .... Sanctuaire en briques.
Senko (v.). .... Sculptures.
Prasat Ampil Rolöm ..... 3 édifices en briques; sculptures; lingas; 2 montants de porte inscrits.
Prasat Srey Ier .... 3 édifices en briques.
Tuol Pei (L.) .... Emplacement d'une stèle transportée à Kompong Chen.
Prasat Thevor Kedei ..... Emplacement de 3 tours en briques; 2 montants de porte inscrits.
Srei Tul (v.) .... Pierre inscrite.
Prasat Siri Saeb .... Édifice en limonite avec enceinte.
Prasat Samrong Prah Theat. Vestiges de plusieurs édifices en briques.
Prasat Banteai Stung ..... Édifice en briques.
Bang Prei Khuei (L.) .... Édifice en briques.
Prasat Khleang Khuot .... Sculptures.

Province de Chikreng.

Prasat Beng .... 2 groupes de 3 édifices en briques; sculptures; montant de porte inscrit.
Prasat Chikreng .... 2 édifices en briques; sculptures; stèle inscrite; montant de porte inscrit.
Prasat Peaptös .... Plusieurs édifices en limonite dans une enceinte; porte monumentale; 2 montants de porte inscrits.
Spean Peaptös .... Pont monumental en grès et limonite.
Prasat Phong Phang ..... Édifice en briques.
Spean Toch .... Pont en limonite.
Spean Chaap .... Pont en limonite.
Prasat Boucheang .... Emplacement de plusieurs édifices en briques et de montants de porte inscrits qui ont disparu.
Bang Ku (L.) .... Emplacement de plusieurs édifices en limonite.
Spean Doug Keu .... Pont en limonite.
Prasat Tram Khna ...... Plusieurs édifices en briques.
Prasat Slap Pdei .... Plusieurs édifices en briques; sculptures.
Prasat Ta Meng .... Édifice en limonite.
Spean Teuut Ta Deu. . .. Ponceau en limonite.
Doug Chau .... Édifice en limonite avec enceinte.
Beng Mealea .... Grand monument comprenant plusieurs édifices, enceintes, portes monumentales, galeries, sculptures.
Kuk Thup Thom .... Édifice en grès, dans le périmètre de Beng Mealea.
Batang. .... Terrasse, *ibid.*
Beng Keo. .... Monument à terrasses.
Prasat Kong Pluk ...... Édifices en grès et limonite avec enceinte.
Prasat Teap Choi ...... Édifice en grès.
Spean Komeng .... Ponceau en limonite et grès.
Spean Ta Ong .... Pont monumental en limonite et grès.

Province de Promtep.

Spean Toch . . . . Ponceau en limonite et grès.
Prasat Ta Ein . . . . Édifice en grès.
Prasat Pram, près Kheao. . Édifice en grès avec enceinte en limonite et portes monumentales en grès.
Prasat Prah Theat Kheao. . Édifice en limonite.
Prasat Spean Chei . . . . . . 3 édifices en briques.
Prasat Chuk. . . . . 3 édifices en limonite.
Prah Khpur . . . . Édifice en briques; grotte; sculptures.
Prasat Merreah . . . . 3 édifices en briques; montant de porte inscrit.
Prasat Sangke . . . . 2 édifices en limonite.
Chen Cho Kas Ko (l.). . . . Édifice en limonite.
Prasat Prah Trapeang Nord. Édifice en limonite.
Prasat Prah Trapeang Sud. Plusieurs édifices en limonite avec enceinte.
Chaurel Chau (l.). . . . . . 3 édifices en briques avec enceinte.
Prasat Pram, près Chinneang. 5 édifices en briques, 1 en limonite; 2 montants de porte inscrits.
Noag Kuk (l.) . . . . Édifice en briques et limonite avec enceinte et porte monumentale; montant de porte inscrit.
Prasat Spean Tung . . . . . 1 édifice en briques.
Spean Tung . . . . Ponceau en limonite.
Donabak Khpos (v.). . . . . Édifice en briques.
Prasat Baug Kuy . . . . . . Plusieurs édifices en briques.
Neak Ta Bak Ka (l.). . . . Statuette en grès.
Prasat Ta Dang . . . . Édifice en briques; un autre en grès; 1 enceinte avec porte monumentale en briques.
Prasat Srag Kabal Ta'k. . . 1 édifice en briques; 2 en grès; 2 enceintes en grès avec portes monumentales.
Spean Kanong . . . . Ponceau en limonite.
Prah Threar . . . . Inscriptions et sculptures dans une grotte.
Prah Pat La' . . . . Inscriptions et sculptures dans une grotte.
Pu'ng Keng Kong (l.). . . . Inscriptions et sculptures dans une grotte.
Kuk Rosri . . . . Emplacement d'un édifice en briques; stèle inscrite.
Prah Pat Krom (l.). . . . . Sculptures sur les parois d'une grotte.
Pu'ng Chaat (l.). . . . . . . Sculptures dans une grotte.
Phnom Kul . . . . Statuette en bronze; roche travaillée.
Prah Leau (l.) . . . . Édifice en briques; galerie en grès.

Trapeang Kuk (l.) . . . . . . Cellule en grès.
Prasat Prah Theat . . . . . . Édifice en grès.
Prasat, près Srepo Sud. . . Édifice en briques.
Prasat, près Srepo Nord . . Édifice en briques.
Neak Ta Chavek (l.). . . . Pierre inscrite.
Prasat Pen Chun . . . . . . 3 édifices en briques.
Prasat Samlanh . . . . 3 édifices en limonite.
Prasat, près Kreban. . . . . Édifice en briques.
Prasat Ta Pang . . . . Édifice en briques.
Kuk Ker (Monuments de) :

Prasat Thom . . . . Édifices en briques et grès; pyramide en grès; enceintes et galeries antérieures; sculptures; inscriptions.
Prasat Pram . . . . 5 édifices en briques avec enceinte en limonite.
Prasat Neang Khman . . . . Édifice en limonite avec enceinte.
Prasat Ralom . . . . Soubassement d'édifice en grès.
Prasat Damrei. . . . . Édifice en briques avec enceinte en limonite.
Prasat Chen . . . . 5 édifices en limonite avec enceinte; sculptures.
Rahal . . . . Lac réservoir aménagé.
Dong Kuk. . . . . Édifice en limonite; 8 édifices en briques; deux enceintes.

Édifices non dénommés :

A. Deux grands édifices en limonite.
B. Édicule en limonite.
C. Édifier en limonite.
D. Édifice en limonite et grès.
E. Édifices en briques avec enceinte en grès; inscriptions.
F. 3 édifices en limonite avec enceinte.
G. H. I. K. Rochers taillés en liṅga, abrités par des édifices en grès; 2 édifices accessoires.

Cheau Srau . . . . Plusieurs édifices en briques; enceinte en limonite.
Phnom Sandak . . . . Plusieurs édifices en briques; enceinte en limonite; porte monumentale; 5 stèles inscrites; montant de porte inscrit.
Prasat Bri . . . . 3 édifices en grès.
Prasat Dap . . . . Plusieurs édifices en briques et en limonite, avec enceinte et porte monumentale en limonite.

RÉSIDENCE DE PURSAT.

Province de Pursat.

Prah Kau . . . . Monument en briques; sculptures.

LAOS.

Commissariat de Savannakhet.

That Inhan . . . . Édifice en briques restauré.
Ha'en Hin . . . . Édifice en grès.

Commissariat de Ban Muong.

Chau Nakhon ou Pha Lakhon (l.). Stèle inscrite; liṅga.
Thana (v.). . . . . Édifice en grès; emplacement d'une stèle transportée au Musée.
Pha Asa . . . . Édifice en briques et en limonite. (Aymonier.)

Commissariat de Stu'ng Treng.

Pha That . . . . Édifice en briques.

Confluent du Mékong et de la Sé-Khong (Ba-Chang, d'après Aymonier) . . . . Ruines; inscription.
Ba Dâm . . . . Édifice en briques. (Aymonier.)

Commissariat d'Attopeu.

Ban Sakhè (v.). . . . . Vestiges d'un édifice en briques; sculptures. (Aymonier.)
That Huei Thaul. . . . . . . Édifice en briques.
Palai Nao . . . . 1 ou plusieurs édifices en briques, connus seulement par des renseignements indigènes peu précis.
Palai Chu . . . . Connu par des renseignements de même valeur que les précédents.

TABLE II.

RÉPERTOIRE ALPHABÉTIQUE.

POINTS ARCHÉOLOGIQUES.	PAYS.	RÉSIDENCE.	PROVINCE.	FEUILLE.	LONGITUDE.	LATITUDE.	NOTES.
Aba	Cambodge.	Prei Veng.	Prei Veng.	C	103-104	11-12	
Ampé	Idem.	Kompong Cham.	Kompong Siem.	C	102-103	12-13	
Ampil Bolöm (Prasat)							V. Prasat Ampil Bolöm.
Ampil Thcear (Kuk)							V. Kuk Ampil Thcear.
An-Kiêu	Annam.	Hué.	Thua-Thien.	B	105-106	16-17	
An-Minh	Idem.	Quang-Nghia.	Quang-Nghia.	B	106-107	14-15	
Ang Pu	Cambodge.	Takeo.	Treang.	C	102-103	10-11	
Angkor Borei	Idem.	Idem.	Prei Krebas.	C	102-103	11	
Angkor Thom	Siam.		Siem Reap.	D	101-102	13-14	
Angkor Vat	Idem.		Idem.	D	101-102	13-14	
Aulok	Cambodge.	Takeo.	Prei Krebas.	C	102-103	11-12	
Antiu	Idem.	Kompong Cham.	Thbong Khmum.	C	103-104	11-12	
Ba Chong	Laos.	Stung Treng.	Stung Treng.	E	103-104	13-14	
Ba Döm	Idem.	Idem.	Idem.	E	103-104	13-14	
Ba-Thé	Cochinchine.	Long-Xuyen.		E	102-103	10-11	
Badai	Cambodge.	Takeo.	Treang.	C	102-103	10-11	
Bakong	Siam.		Siem Reap.	D	101-102	13-14	
Ban Hari Thamo							V. Thamo.
Ban Sakheh	Laos.	Attopeu.	Attopeu.	E	104-105	14-15	
Bang-An	Annam.	Fai-Fo.	Quang-Nam.	B	105-106	15-16	
Bang Damnak	Cambodge.	Kompong Thom.	Kompong Srag.	D	102-103	12-13	
Bang Prei Khuei	Idem.	Idem.	Stung.	D	102-103	13-14	
Bauteai Chakrei	Idem.	Prei Veng.	Ba Phnom.	C	103-104	10-11	
Bauteai Prei Angkor	Idem.	Kompong Cham.	Thbong Khmum.	C	103-104	11-12	
Bauteai Trau	Idem.	Takeo.	Bati.	C	102-103	11-12	
Baray	Idem.	Idem.	Treang.	C	102-103	10-11	
Baray	Idem.	Kompong Thom.	Baray.	D	102-103	12-13	
Baray Prah Theat	Idem.	Kompong Cham.	Srei Santhor.	C	102-103	11-12	
Barieng (Phnom)							V. Phnom Barieng.
Baset (Phnom)							V. Phnom Baset.
Bassak	Cambodge.	Srey Rieng.	Romduol.	C	103-104	11-12	
Batang	Idem.	Kompong Thom.	Chikreng.	D	101-102	13-14	
Batau Tablah							V. Da-Né.
Bati (Vat)							V. Vat Bati.
Buyang	Cambodge.	Takeo.	Treang.	C	102-103	10-11	
Beng Keu	Idem.	Kompong Thom.	Chikreng.	D	101-102	13-14	
Beng Mealea	Idem.	Idem.	Idem.	D	101-102	13-14	
Binh-La	Annam.	Quang-Try.	Quang-Try.	B	104-105	16-17	
Bien-Hoa	Cochinchine.	Bien-Hoa.		E	104-105	10-11	
Binh-Dinh	Annam.	Qui-Nhon.	Binh-Dinh.	A	106-107	13-14	
Binh-Lam	Idem.	Idem.	Idem.	A	106-107	13-14	
Ba-Mang	Idem.	Fai-Fo.	Quang-Nam.	B	105-106	15-16	
Ca-Nom	Idem.	Qui-Nhon.	Binh-Dinh.	A	106-107	14-15	
Cap Saint-Jacques	Cochinchine.	Cap Saint-Jacques.		E	104-105	10-11	
Cha-Ban	Annam.	Qui-Nhon.	Binh-Dinh.	A	106-107	13-14	
Chambak Meas (Phnom)							V. Phnom Chambak Meas.
Chamaon	Cambodge.	Takeo.	Prei Krebas.	C	102-103	11-12	
Chamrel Chan	Idem.	Kompong Thom.	Promtep.	D	102-103	13-14	

POINTS ARCHÉOLOGIQUES.	PAYS.	RÉSIDENCE.	PROVINCE.	FEUILLE.	LONGITUDE.	LATITUDE.	NOTES.
Chan Lœng	Cambodge.	Kompong Cham.	Srei Santhor.	C	102–103	11–12	
Chau Nakhon ou Phu Lokhon.	Laos.	Ban Muong.	Ban Muong.	E	102–103	15–16	
Chau-Sa.	Annam.	Quang-Nghia.	Quang-Nghia.	B	106–107	15–16	
Chau-Thanh	Idem.	Qui-Nhon.	Binh-Dinh.	A	106–107	13–14	
Chean Chun	Cambodge.	Takeo.	Treang.	C	102–103	10–11	
Chean Svam	Idem.	Kompong Thom.	Prountep.	D	102–103	13–14	
Chen Cha Kus Ko	Idem.	Idem.	Idem.	D	102–103	13–14	
Chidos (Phnom)							V. Phnom Chidos.
Chim-Son	Annam.	Fai-Fo.	Quang-Nam.	B	105–106	15–16	
Chisor (Phnom)							V. Phnom Chisor.
Chöng Aug	Cambodge.	Kompong Cham.	Thbong Khmom.	C	103–104	11–12	
Chu (Palai)							V. Palai Chu.
Chung-My	Annam.	Phan-Rang (1).	Khanh-Hoa.	A	106–107	11–12	
Ci-Thanh	Idem.	Quang-Try.	Quang-Try.	B	104–105	16–17	
Cu-Hoau	Idem.	Idem.	Idem.	B	104–105	16–17	
Cuong-My	Idem.	Fai-Fo.	Quang-Nam.	B	106–107	15–16	
Da (Phnom)							V. Phnom Da.
Da-Ne	Annam.	Phan-Rang.	Khanh-Hoa.	A	106–107	11–12	
Da-Trang	Idem.	Idem.	Idem.	A	106–107	11–12	
Dambang Dek	Cambodge.	Kompong Cham.	Kompong Siem.	C	103–104	11–12	
Dhatu Ponom	Siam.			E	102–103	16 17	
Daubok Khpos	Cambodge.	Kompong Thom.	Prountep.	D	101–102	13–14	
Dang							V. Thach-Hau.
Dong Chan	Cambodge.	Kompong Thom.	Chikreng.	D	101–102	13 14	
Dong-Duong	Annam.	Fai-Fo.	Quang-Nam.	B	105–106	15–16	
Dong Kuk							Dans le périmètre de Koh Ker.
Glai Klong Anch	Annam.	Phan-Rang.	Khanh-Hoa.	A	106 107	11 12	
Glai Lama	Idem.	Idem.	Idem.	A	106 107	11 12	
Ha-Lam	Idem.	Fai-Fo.	Quang-Nam.	B	106 107	15 16	
Ha-Trung	Idem.	Quang-Try.	Quang-Try.	B	104 105	16 17	
Hai-Lang	Idem.	Idem.	Idem.	B	104 105	16 17	
Han Chei	Cambodge.	Kompong Cham.	Kompong Siem.	C	103 104	12 13	
Hou-Lai	Annam.	Phan-Rang.	Khanh-Hoa.	A	106 107	11 12	
Hou-My							V. Qui-My.
Hou-Cac	Annam.	Fai-Fo.	Quang-Nam.	B	105 106	15 16	
Huen Hiu	Laos.	Savannakhet.	Song Khon.	E	102 103	16 17	
Hung-Thanh	Annam.	Qui-Nhon.	Binh-Dinh.	A	106 107	13 14	
Ile Verte	Idem.	Song-Cau.	Phu-Yen.	A	106 107	13 14	Village de My-Quan.
Kah Koh	Cambodge.	Kompong Thom.	Tang Kasang.	D	102 103	12 13	
Keam Pradas	Idem.	Prei Veng.	Prei Veng.	C	103 104	11 12	
Kedei Ang	Idem.	Idem.	Ba Phnom.	C	103 104	11 12	
Khlong (Phnom)							V. Phnom Khlong.
Khuong-My							V. Cuong-My.
Khvet (Kuk)							V. Kuk Khvet.
Kinh-Tien	Annam.	Qui-Nhon.	Binh-Dinh.	A	106 107	13 14	Tour de Cuivre.
Kleang (Phnom)							V. Phnom Kleang.
Koh Ker	Cambodge.	Kompong Thom.	Prountep.	D	102–103	13–14	V. à la table I le détail des monuments (p.16).
Koh Krieng	Idem.	Kratié.	Sambor.	D	103 104	13–14	
Koh Sam Thom	Idem.	Idem.	Idem.	D	103–104	12–13	
Kompong	Idem.	Takeo.	Treang.	C	102–103	10–11	
Kompong Cham	Idem.	Kompong Cham.	Kompong Siem.	C	103 104	11–12	
Kong (Phnom)							V. Phnom Kong.
Kor	Cambodge.	Kompong Cham.	Thbong Khmom.	C	103–104	11–12	
Kralanh Thom	Idem.	Prei Veng.	Sithor Sdam.	C	102–103	11–12	
Kuhcar Luong (Prah)							V. Prah KuhcarLuong.
Kuk Ampil Thvear	Cambodge.	Kompong Cham.	Chöng Prei.	C	102–103	12–13	
Kuk Khvet	Idem.	Idem.	Idem.	C	102–103	12–13	
Kuk Nokor	Idem.	Kompong Thom.	Baray.	C	102–103	12–13	

(1) Nous rappelons que *Phan-Rang* est une vice-résidence dépendant de *Nha-Trang*.

POINTS ARCHÉOLOGIQUES.	PAYS.	RÉSIDENCE.	PROVINCE.	FEUILLE.	LONGITUDE.	LATITUDE.	NOTES.
Kuk Rosei	Cambodge.	Kompong Thom.	Promtep.	D	101-102	13-14	
Kuk Ta Prohm	Idem.	Kompong Cham.	Kompong Siem.	C	102-103	12-13	
Kuk Thop Thom	Idem.	Kompong Thom.	Chikreng.	D	101-102	13-14	Dans le périmètre de Beng Mealn.
Kul (Phnom)							V. Phnom Kul.
Lac-Sien	Annam.	Dong-Hoi.	Quang-Binh.	E	103-104	17-18	
Linh-Thai	Idem.	Hué.	Thua-Thien.	B	105-106	16-17	
Lolei	Siam.		Siem Reap.	D	101-102	13-14	
Luong Prang	Cambodge.	Kratié.	Sambor.	D	103-104	12-13	
Maha Rosei	Idem.	Takeo.	Prei Krebas.	C	102-103	10-11	
Mebon (Prah Theat)							V. Prah Theat Mebon.
Montagnes de Marbre	Annam.	Fai-Fo.	Quang-Nam.	B	105-106	15-16	
Monti (Phnom)							V. Phnom Monti.
My-Quan							V. Ile Verte.
My-Son	Annam.	Fai-Fo.	Quang-Nam.	B	105-106	15-16	
My-Thanh	Idem.	Song-Cau.	Phu-Yen.	A	106-107	12-13	
Nao (Palai)							V. Palai Nao.
Neak Ta Bak Ka	Cambodge.	Kompong Thom.	Promtep.	D	101-102	13-14	
Neak Ta Charek	Idem.	Idem.	Idem.	D	102-103	13-14	
Nguk (Phnom)							V. Phnom Nguk.
Nha-Trang	Annam.	Nha-Trang.	Khanh-Hoa.	A	106-107	12-13	
Nhau-Bieu	Idem.	Quang-Try.	Quang-Try.	B	104-105	16-17	
Nhin-Thap	Idem.	Song-Cau.	Phu-Yen.	A	106-107	13-14	
Nhon-Son							V. Hoa-Lai.
Nokor Tret	Cambodge.	Prei Veng.	Prei Veng.	C	103-104	11-12	
Nong Kuk	Idem.	Kompong Thom.	Promtep.	D	102-103	13-14	
Nui Bathé							V. Bathé.
Palai Chu	Laos.	Attopeu.	Attopeu.	E	106-107	13-14	
Palai Nao	Idem.	Idem.	Idem.	E	105-106	14-15	
Phan-Rang	Annam.	Phan-Rang.	Khanh-Hoa.	A	106-107	11-12	
Phnom Bachei							V. Vat Nokor.
Phnom Barieng	Cambodge.	Kompong Thom.	Prei Kedei.	D	102-103	13-14	
Phnom Baset	Idem.	Kompong Spue.	Samrong Tong.	C	102-103	11-12	
Phnom Chambak Meas	Idem.	Kratié.	Kratié.	D	103-104	12-13	
Phnom Chidos	Idem.	Kompong Chnang.	Aulong Reach.	C	102-103	12-13	
Phnom Chisor	Idem.	Takeo.	Bati.	C	102-103	11-12	
Phnom Da	Idem.	Idem.	Prei Krebas.	C	102-103	10-11	
Phnom Khlong	Idem.	Kampot.	Kompong Som.	C	101-102	10-11	
Phnom Kleang	Idem.	Takeo.	Treang.	C	102-103	10-11	
Phnom Kong	Idem.	Prei Veng.	Prei Veng.	C	103-104	11-12	
Phnom Kul	Idem.	Kompong Thom.	Promtep.	D	102-103	13-14	
Phnom Monti	Idem.	Kratié.	Stung Trang.	C	103-104	12-13	
Phnom Nguk	Idem.	Kampot.	Kampot.	C	101-102	10-11	
Phnom Penh	Idem.	Phnom Penh.	Phnom Penh.	C	102-103	11-12	
Phnom Prah Reach Trap	Idem.	Kompong Spue.	Samrong Tong.	C	102-103	11-12	
Phnom Prasat	Idem.	Kampot.	Peam.	C	102-103	10-11	
Phnom Pros	Idem.	Kompong Cham.	Kompong Siem.	C	103-104	12-13	
Phnom Sambok	Idem.	Kratié.	Kratié.	D	103-104	12-13	
Phnom Sandak	Idem.	Kompong Thom.	Promtep.	D	102-103	14-15	
Phnom Saulong	Idem.	Takeo.	Treang.	C	102-103	10-11	
Phnom Sautuk	Idem.	Kompong Thom.	Tong Kasang.	D	102-103	12-13	
Phnom Sech Khong	Idem.	Kampot.	Peam.	C	102-103	10-11	
Phnom Ta Mau	Idem.	Takeo.	Bati.	C	102-103	11-12	
Phnom Thma Doh	Idem.	Idem.	Idem.	C	102-103	11-12	
Phnom Thom	Idem.	Kompong Cham.	Chöng Prei.	C	102-103	12-13	
Phnom Ti Pi	Idem.	Kompong Chnang.	Kompong Len.	C	102-103	12-13	
Phnom Trop	Idem.	Kompong Cham.	Chöng Prei.	C	102-103	12-13	
Phnom Trotung	Idem.	Kampot.	Kampot.	C	102-103	10-11	
Pho-Hai	Annam.	Phan-Thiet.	Binh-Thuan.	E	105-106	10-11	
Phong-Lé	Idem.	Fai-Fo.	Quang-Nam.	B	105-106	15-16	

POINTS ARCHÉOLOGIQUES.	PAYS.	RÉSIDENCE.	PROVINCE.	FEUILLE.	LONGITUDE.	LATITUDE.	NOTES.
Phong-Nha	Annam.	Dong-Hoi.	Quang-Binh.	E	103-104	17-18	
Phu Asa							V. Vat Phu Asa.
Phu-Ho'n	Annam.	Fai-Fo.	Quang-Nam.	B	106-107	15-16	
Phu Lokhon							V. Chan Nakhon.
Phu-Luong	Annam.	Hué.	Thua-Thien.	B	105-106	16-17	
Phu-Ninh	Idem.	Fai-Fo.	Quang-Nam.	B	106-107	15-16	
Phu That	Laos.	Stung Treng.	Stung Treng.	E	103-104	13-14	
Phum Mien	Cambodge.	Kompong Cham.	Thbong Khmum.	C	103-104	11-12	
Phum Pa Pros	Idem.	Idem.	Chŏng Prei.	C	102-103	12-13	
Phum Prasat	Idem.	Kompong Thom.	Tang Kasang.	D	102-103	12-13	
Phum Sala	Idem.	Kratié.	Kratié.	D	103-104	12-13	
Phvœc-Loc							V. Thap Thoc-Loc.
Po Klong Garai	Annam.	Phan-Rang.	Khanh-Hoa.	A	106-107	11-12	
Po Nagar de Mong-Duc	Idem.	Idem.	Idem.	A	106-107	11-12	
Po Nagar de Nha-Trang	Idem.	Nha-Trang.	Idem.	A	106-107	12-13	
Po Romé	Idem.	Phan-Rang.	Idem.	A	106-107	11-12	
Po Sah	Idem.	Idem.	Idem.	A	106-107	11-12	
Panhear Hor	Cambodge.	Takeo.	Treang.	C	102-103	10-11	
Prah Bai	Idem.	Kompong Cham.	Chŏng Prei.	C	102-103	12-13	
Prah Kan	Idem.	Pursat.	Pursat.	D	101-102	12-13	
Prah Khan	Idem.	Kompong Thom.	Kompong Svay.	D	102-103	13-14	
Prah Khpur	Idem.	Idem.	Promtep.	D	102-103	13-14	
Prah Kot	Idem.	Kompong Cham.	Chŏng Prei.	C	102-103	12-13	
Prah Kuhear Luong	Idem.	Kampot.	Kampot.	C	102-103	10-11	
Prah Lean	Idem.	Kompong Thom.	Promtep.	D	102-103	13-14	
Prah Non	Idem.	Kompong Cham.	Chŏng Prei.	C	102-103	12-13	
Prah Ongkar	Idem.	Kampot.	Banteai Meas.	C	102-103	10-11	
Prah Peau	Idem.	Prei Veng.	Ba Phnom.	C	103-104	11-12	
Prah Pat Krom	Idem.	Kompong Thom.	Promtep.	D	101-102	13-14	
Prah Put Lu	Idem.	Idem.	Idem.	D	101-102	13-14	
Prah Reach Trap (Phnom)							V. Phnom Prah Reach Trap.
Prah Theat Chrul	Cambodge.	Kompong Cham.	Thbong Khmum.	C	103-104	11-12	
Prah Theat Khnai Van	Idem.	Idem.	Idem.	C	103-104	11-12	
Prah Theat Khtom	Idem.	Idem.	Idem.	C	103-104	11-12	
Prah Theat Kran Pi	Idem.	Kratié.	Kratié.	D	103-104	12-13	
Prah Theat Nichon	Idem.	Prei Veng.	Prei Veng.	C	103-104	11-12	
Prah Theat Pang Puh	Idem.	Idem.	Ba Phnom.	C	103-104	11-12	
Prah Theat Poureai	Idem.	Kompong Cham.	Thbong Khmum.	C	103-104	11-12	
Prah Theat Prah Cherei	Idem.	Idem.	Idem.	C	103-104	11-12	
Prah Theat Prah Srei	Idem.	Idem.	Idem.	C	103-104	11-12	
Prah Theat Sram	Idem.	Idem.	Idem.	C	103-104	11-12	
Prah Thkol	Idem.	Kompong Thom.	Kompong Svay.	D	102-103	13-14	Dans le périmètre de Prah Khan.
Prah Thvear	Idem.	Idem.	Promtep.	D	101-102	13-14	
Prah Toule	Idem.	Svay Rieng.	Rondual.	C	103-104	11-12	
Prah Trapeang	Idem.	Takeo.	Treang.	C	102-103	10-11	
Prah Vihear Chau	Idem.	Prei Veng.	Ba Phnom.	C	103-104	11-12	
Prah Vihear Suor	Idem.	Kompong Cham.	Srei Santhor.	C	102-103	11-12	
Prah Vihear Thom	Idem.	Prei Veng.	Ba Phnom.	C	103-104	11-12	
Prasat	Idem.	Kompong Cham.	Thbong Khmum.	C	103-104	11-12	Près Chrul.
Prasat	Idem.	Kompong Thom.	Promtep.	D	102-103	13-14	Sud (près Srepo).
Prasat	Idem.	Idem.	Idem.	D	102-103	13-14	Nord (près Srepo).
Prasat	Idem.	Idem.	Idem.	D	102-103	13-14	Près Krebau.
Prasat Ampil Rolüm	Idem.	Idem.	Stung.	D	102-103	12-13	Rolœâ (carte) est à corriger.
Prasat Andek	Idem.	Idem.	Idem.	D	102-103	12-13	
Prasat Bang	Idem.	Idem.	Kompong Svay.	D	102-103	12-13	
Prasat Bang Kuy	Idem.	Idem.	Promtep.	D	102-103	13-14	
Prasat Banteai Stung	Idem.	Idem.	Stung.	D	102-103	12-13	
Prasat Bei	Idem.	Idem.	Promtep.	D	102-103	14-15	

POINTS ARCHÉOLOGIQUES.	PAYS.	RÉSIDENCE.	PROVINCE.	FEUILLE.	LONGITUDE.	LATITUDE.	NOTES.
Prasat Beng	Cambodge.	Kompong Thom.	Chikreng.	D	102–103	13–14	
Prasat Cheachul	Idem.	Idem.	Kompong Svay.	D	102–103	13–14	
Prasat Chen							Dans le périmètre de Koh Ker.
Prasat Chikreng	Cambodge.	Kompong Thom.	Chikreng.	D	102–103	13–14	
Prasat Chuk	Idem.	Idem.	Promtep.	D	102–103	13–14	
Prasat Dap	Idem.	Idem.	Idem.	D	102–103	14–15	
Prasat Eng Khna	Idem.	Idem.	Kompong Svay.	D	102–103	12–13	
Prasat Kalo	Idem.	Kompong Chnang.	Kompong Len.	D	102–103	12–13	
Prasat Kambot	Idem.	Kompong Thom.	Baray.	D	102–103	12–13	
Prasat Khleang Khnot	Idem.	Idem.	Stung.	D	102–103	13–14	
Prasat Khna	Idem.	Idem.	Kompong Svay.	D	102–103	12–13	
Prasat Kong Pluk	Idem.	Idem.	Chikreng.	D	101–102	13–14	
Prasat Kuk	Idem.	Phnom Penh.	Muk Kampul.	C	102–103	11–12	
Prasat Merech	Idem.	Kompong Thom.	Promtep.	D	102–103	13–14	
Prasat Neak Ta Palup	Idem.	Idem.	Prei Kedei.	D	102–103	13–14	
Prasat Neang Khnau	Idem.	Takeo.	Bati.	C	102–103	11–12	
Prasat Neang Khnau							Dans le périmètre de Koh Ker.
Prasat Pen Chum	Cambodge.	Kompong Thom.	Promtep.	D	102–103	13–14	
Prasat Phnom Pomreai	Idem.	Kompong Chnang.	Kompong Len.	D	102–103	12–13	
Prasat Phung Pang	Idem.	Kompong Thom.	Chikreng.	D	101–102	13–14	
Prasat Prah Kuh	Idem.	Takeo.	Treang.	C	102–103	10–11	
Prasat Prah Srei	Idem.	Kompong Chnang.	Kompong Len.	D	102–103	12–13	
Prasat Prah Theat	Idem.	Kompong Thom.	Promtep.	D	102–103	13–14	
Prasat Prah Theat Khrao	Idem.	Idem.	Idem.	D	102–103	13–14	
Prasat Prah Trapeang	Idem.	Idem.	Idem.	D	102–103	13–14	Nord.
Prasat Prah Trapeang	Idem.	Idem.	Idem.	D	102–103	13–14	Sud.
Prasat Pram	Idem.	Idem.	Idem.	D	102–103	13–14	Près Khrao.
Prasat Pram	Idem.	Idem.	Idem.	D	102–103	13–14	Près Chimeang.
Prasat Pram							Dans le périmètre de Koh Ker.
Prasat Prapteis	Cambodge.	Kompong Thom.	Chikreng.	D	102–103	13–14	
Prasat Rolŏm							Dans le périmètre de Koh Ker.
Prasat Romcheang	Cambodge.	Kompong Thom.	Chikreng.	D	101–102	13–14	
Prasat Samlanh	Idem.	Idem.	Promtep.	D	102–103	13–14	
Prasat Samrong Prah Theat	Idem.	Idem.	Stung.	D	102–103	12–13	
Prasat Sangke	Idem.	Idem.	Promtep.	D	102–103	13–14	
Prasat Siri Sach	Idem.	Idem.	Stung.	D	102–103	12–13	
Prasat Slap Pdei	Idem.	Idem.	Chikreng.	D	101–102	13–14	
Prasat Spean Chei	Idem.	Idem.	Promtep.	D	102–103	13–14	
Prasat Spean Tung	Idem.	Idem.	Idem.	D	102–103	13–14	
Prasat Sras Keo	Idem.	Takeo.	Bati.	C	102–103	11–12	
Prasat Svay Ier	Idem.	Kompong Thom.	Stung.	D	102–103	12–13	
Prasat Soay Kabal Tœk	Idem.	Idem.	Promtep.	D	101–102	13–14	
Prasat Ta Dong	Idem.	Idem.	Idem.	D	101–102	13–14	
Prasat Ta Ein	Idem.	Idem.	Idem.	D	102–103	13–14	
Prasat Ta Meng	Idem.	Idem.	Chikreng.	D	101–102	13–14	
Prasat Ta Nhean	Idem.	Takeo.	Treang.	C	102–103	10–11	
Prasat Ta Pang	Idem.	Kompong Thom.	Promtep.	D	102–103	13–14	
Prasat Teap Chei	Idem.	Idem.	Chikreng.	D	102–103	13–14	
Prasat Tenot Chum	Idem.	Idem.	Baray.	D	102–103	12–13	
Prasat Thleai	Idem.	Takeo.	Treang.	C	102–103	10–11	Est.
Prasat Thleai	Idem.	Idem.	Idem.	C	102–103	10–11	Ouest.
Prasat Thom							Dans le périmètre de Koh Ker.
Prasat Theoar Kedei	Cambodge.	Kompong Thom.	Stung.	D	102–103	12–13	
Prasat Toch	Idem.	Kompong Chnang.	Kompong Len.	D	102–103	12–13	
Prasat Tram Khna	Idem.	Kompong Thom.	Chikreng.	D	101–102	13–14	
Prasat Veal Kuk Klong	Idem.	Idem.	Kompong Svay.	D	102–103	13–14	
Prei Chŏn Srok	Idem.	Prei Veng.	Sithor Kandal.	C	103–104	11–12	
Prei Ky	Idem.	Kompong Cham.	Thbong Khmum.	C	103–104	11–12	

POINTS ARCHÉOLOGIQUES.	PAYS.	RÉSIDENCE.	PROVINCE.	FEUILLE.	LONGITUDE.	LATITUDE.	NOTES.
Prei Mien	Cambodge.	Takeo.	Treang.	C	102-103	10-11	
Prei Nokor	Idem.	Prei Veng.	Prei Veng.	C	103-104	11-12	
Prei Phkeun	Idem.	Takeo.	Prei Krebas.	C	102-103	11-12	
Pring Chrom	Idem.	Kompong Cham.	Chŏng Prei.	C	102-103	12-13	
Pueng Cheat	Idem.	Kompong Thom.	Promtep.	D	101-102	13-14	
Pueng Keng Kung	Idem.	Idem.	Idem.	D	101-102	13-14	
Qua-Giang	Annam.	Fai-Fo.	Quang-Nam.	B	105-106	15-16	
Qua-My	Idem.	Idem.	Idem.	B	106-107	15-16	
Quang-Nghia	Idem.	Quang-Nghia.	Quang-Nghia.	B	106-107	15-16	
Quang-Tinh	Idem.	Qui-Nhon.	Binh-Dinh.	A	106-107	13-14	
Qui-Nhon	Idem.	Idem.	Idem.	A	106-107	13-14	
Rong Ku	Cambodge.	Kompong Thom.	Chikreng.	D	101-102	13-14	
Rosei (Kuk)							V. Kuk Rosei.
Sambok (Phnom)							V. Phnom Sambok.
Sambor	Cambodge.	Kratié.	Saabor.	D	103-104	12-13	
Sambuor	Idem.	Kompong Thom.	Kompong Svay.	D	102-103	12-13	
Saudei	Idem.	Kompong Cham.	Thbong Khmum.	C	103-104	11-12	
Samrong	Idem.	Svay Rieng.	Romduol.	C	103-104	11-12	
Samrang	Idem.	Kratié.	Kratié.	D	104-105	12-13	
Samrong	Idem.	Takeo.	Prei Krebas.	C	102-103	11-12	
Saudak (Phnom)							V. Phnom Saudak.
Saudek	Cambodge.	Kompong Cham.	Chŏng Prei.	C	102-103	12-13	
Sang Khe	Idem.	Idem.	Kompong Siem.	C	102-103	12-13	
Sanlong (Phnom)							V. Phnom Sanlong.
Santuk (Phnom)							V. Phnom Santuk.
Sdau Audeng	Cambodge.	Kompong Thom.	Tang Kasang.	D	102-103	12-13	
Sech Khong (Phnom)							V. Phnom Sech Khong.
Senko	Cambodge.	Kompong Thom.	Stung.	D	102-103	12-13	
Suay Pol	Idem.	Prei Veng.	Sithor Sdam.	C	102-103	11-12	
Song Sang	Idem.	Kompong Cham.	Thbong Khmum.	C	103-104	11-12	
Sophcus	Idem.	Kratié.	Stung Treng.	C	103-104	12-13	
Spean Chaap	Idem.	Kompong Thom.	Chikreng.	D	101-102	13-14	
Spean Doug Keo	Idem.	Idem.	Idem.	D	101-102	13-14	
Spean Komeng	Idem.	Idem.	Kompong Svay.	D	102-103	13-14	
Spean Komeng	Idem.	Idem.	Promtep.	D	101-102	13-14	
Spean Komeng	Idem.	Idem.	Chikreng.	D	102-103	13-14	
Spean Praptos	Idem.	Idem.	Idem.	D	102-103	13-14	
Spean Ta Ong	Idem.	Idem.	Idem.	D	102-103	13-14	
Spean Tenot Ta Deu	Idem.	Idem.	Idem.	D	101-102	13-14	
Spean Toch	Idem.	Idem.	Idem.	D	101-102	13-14	
Spean Toch	Idem.	Idem.	Promtep.	D	102-103	13-14	
Spean Tung	Idem.	Idem.	Idem.	D	102-103	13-14	
Spr.	Idem.	Kratié.	Stung Treng.	C	103-104	12-13	
Srei Tol	Idem.	Kompong Thom.	Stung.	D	102-103	12-13	
Scay Damnak	Idem.	Idem.	Kompong Svay.	D	102-103	12-13	
Svay Rieng	Idem.	Svay Rieng.	Romduol.	C	103-104	11-12	
Svay Sat Phnom	Idem.	Kompong Cham.	Srei Santhor.	C	102-103	11-12	
Ta Kun	Annam.	Phan-Rang.	Khanh-Hoa.	A	106-107	11-12	
Ta Mau (Phnom)							V. Phnom Ta Mau.
Ta Prohm							V. Vat Bati.
Ta Prohm (Kuk)							V. Kuk Ta Prohm.
Thama	Laos.	Ban Muong.	Ban Muong.	E	103-104	14-15	
Thach-Hou	Annam.	Quang-Try.	Quang-Try.	B	104-105	16-17	Lieu dit Dong.
Thân-Phu	Idem.	Hué.	Thua-Thien.	B	105-106	16-17	
Thanh-Hieu	Idem.	Phan-Thiet.	Binh-Thuan.	E	106-107	11-12	
Thanh-Hoi	Idem.	Song-Cau.	Phu-Yen.	A	106-107	13-14	
Thap Mui	Cochinchine.	Sadec.		E	103-104	10-11	
Thap Thoe-Lac (ou Phuoc-Lac)	Annam.	Qui-Nhon.	Binh-Dinh.	A	106-107	13-14	Tour d'Or.
That Huoi Thaal	Laos.	Attopeu.	Attopeu.	E	105-106	14-15	

POINTS ARCHÉOLOGIQUES.	PAYS.	RÉSIDENCE.	PROVINCE.	FEUILLE.	LONGITUDE.	LATITUDE.	NOTES.
That Inhan	Laos.	Savannakhet.	Song Khône.	E	102-103	16-17	
Thi-Thiên	Annam.	Qui-Nhon.	Binh-Dinh.	A	106-107	13-14	Tours d'Argent.
Thlan	Cambodge.	Prei Veng.	Prei Veng.	C	103-104	11-12	
Thma Dah	Idem.	Takeo.	Bati.	C	102-103	11-12	
Thma Krê	Idem.	Kratié.	Kratié.	D	103-104	12-13	
Thnal Chei	Idem.	Prei Veng.	Prei Veng.	C	103-104	11-12	
Thu-Thieng	Annam.	Qui-Nhon.	Binh-Dinh.	A	106-107	13-14	
Thuin-Luong	Idem.	Phan-Thiet.	Binh-Thuan.	E	106-107	11-12	
Ti Pi (Phnom)							V. Phnom Ti Pi.
To-Ly	Annam.	Phan-Thiet.	Binh-Thuan.	E	106-107	11-12	
Tourane	Idem.	Tourane.	Quang-Nam.	B	105-106	16-17	
Tours d'Argent							V. Thi-Thiên.
Tours d'Ivoire							V. Vang-Tuong.
Tour de Cuivre	Annam.	Qui-Nhon.	Binh-Dinh.	A	106-107	13-14	V. Kinh-Tien.
Tour d'Or	Idem.	Idem.	Idem.	A	106-107	13-14	V. Thap Thac-Lac.
Tra-Kiêu	Idem.	Fai-Fo.	Quang-Nam.	B	105-106	15-16	
Tra-Long	Cochinchine.	Bac-Liêu.		E	103-104	9-10	
Trapeang Kuk	Cambodge.	Kompong Thom.	Promtep.	D	102-103	13-14	
Trapeang Kuk	Idem.	Kompong Cham.	Chông Prei.	C	102-103	12-13	
Trapeang Prah	Idem.	Takeo.	Bati.	C	102-103	11-12	
Trapeang Prei	Idem.	Kratié.	Sambor.	D	103-104	12-13	
Trapeang Prös	Idem.	Kompong Thom.	Kompong Srey.	D	103-104	13-14	
Trapeang Srok	Idem.	Kompong Cham.	Chông Prei.	C	102-103	12-13	
Trop (Phnom)							V. Phnom Trop.
Trotung (Phnom)							V. Phnom Trotung.
Try-Thuy	Annam.	Phan-Rang.	Khanh-Hoa.	A	106-107	11-12	
Tuan-Duong	Idem.	Fai-Fo.	Quang-Nam.	B	105-106	15-16	
Tuol Charek	Cambodge.	Kratié.	Kratié.	D	103-104	12-13	
Tuol Charek	Idem.	Kompong Cham.	Thbong Khmum.	C	103-104	11-12	
Tuol Kamnap	Idem.	Kratié.	Sambor.	D	103-104	12-13	
Tuol Kampot	Idem.	Kompong Spư.	Kandal Stưng.	C	102-103	11-12	
Tuol Pei	Idem.	Kompong Thom.	Stung.	D	102-103	12-13	
Tuol Prah Theat	Idem.	Prei Veng.	Prei Veng.	C	103-104	11-12	
Tuol Thbum	Idem.	Kompong Spư.	Kandal Stưng.	C	102-103	11-12	
Tuol Trapeang Thua	Idem.	Kratié.	Sambor.	D	103-104	12-13	
Ưu-Diem	Annam.	Hué.	Thua-Tien.	B	104-105	16-17	
Vang-Tuong	Idem.	Qui-Nhon.	Binh-Dinh.	A	106-107	13-14	Tours d'Ivoire.
Vat Bati	Cambodge.	Takeo.	Bati.	C	102-103	11-12	a mon. Ta Prohm et Trai Pu.
Vat Chan Na	Idem.	Prei Veng.	Ba Phnom.	C	103-104	11-12	
Vat Ha	Idem.	Idem.	Idem.	C	103-104	11-12	
Vat Hang Phuang	Idem.	Idem.	Idem.	C	103-104	11-12	
Vat Hu Phnu	Idem.	Kompong Spư.	Kong Pisei.	C	102-103	11-12	
Vat Kakos	Idem.	Takeo.	Bati.	C	102-103	11-12	
Vat Kandal	Idem.	Prei Veng.	Ba Phnom.	C	103-104	11-12	Près Hang Phuang.
Vat Kandal	Idem.	Idem.	Idem.	C	103-104	11-12	Près Kompong Krong Leo.
Vat Kedei Char	Idem.	Kompong Thom.	Kompong Srey.	D	102-103	12-13	
Vat Kedei Trap	Idem.	Prei Veng.	Ba Phnom.	C	103-104	11-12	
Vat Ko Chriet	Idem.	Idem.	Sithor Sdam.	C	103-104	11-12	
Vat Kralong	Idem.	Kompong Cham.	Kompong Siem.	C	102-103	12-13	
Vat Krang Seay	Idem.	Prei Veng.	Ba Phnom.	C	103-104	11-12	
Vat Krapö Chaet	Idem.	Kompong Spư.	Kandal Stưng.	C	102-103	11-12	
Vat Kuk Srelau	Idem.	Kompong Thom.	Baray.	D	102-103	12-13	
Vat Maha	Idem.	Idem.	Kompong Sray.		102-103	12-13	
Vat Mokung	Idem.	Idem.	Stung.	D	102-103	12-13	
Vat Nokor (ou Phnom Bachei)	Idem.	Kompong Cham.	Kompong Siem.	C	103-104	11-12	
Vat Phnu	Idem.	Prei Veng.	Sithor Kandal.	C	103-104	11-12	
Vat Phu	Siam.		Bassac.	E	103-104	14-15	
Vat Phu Asa	Laos.	Ban Muong.	Ban Muong.	E	103-104	15-16	D'après Aymonier.

POINTS ARCHÉOLOGIQUES.	PAYS.	RÉSIDENCE.	PROVINCE.	FEUILLE.	LONGITUDE.	LATITUDE.	NOTES.
Vat Prah Virpoan	Cambodge.	Kompong Spw.	Kong Pisei.	C	102–103	11–12	
Vat Prah Sena	Idem.	Prei Veng.	Ba Phnom.	C	103–104	11–12	
Vat Prah Theat	Idem.	Kompong Spw.	Kandal Stœng.	C	102–103	11–12	
Vat Prasat	Idem.	Idem.	Idem.	C	102–103	11–12	
Vat Prasat	Idem.	Prei Veng.	Ba Phnam.	C	103–104	11–12	
Vat Prei Charek	Idem.	Idem.	Idem.	C	103–104	11–12	
Vat Prei Pla	Idem.	Idem.	Sithor Sdam.	C	103–104	11–12	
Vat Prei Sra	Idem.	Takeo.	Bati.	C	102–103	11–12	
Vat Prei Vear	Idem.	Prei Veng.	Ba Phnom.	C	103–104	11–12	
Vat Rosei Chas	Idem.	Kompong Thom.	Stœng.	D	102–103	12–13	
Vat Sithor	Idem.	Kompong Cham.	Srei Santhor.	C	102–103	11–12	
Vat Svay Chno	Idem.	Phnom Penh.	Phnom Penh.	C	102–103	11–12	
Vat Tenot	Idem.	Takeo.	Bati.	C	102–103	11–12	
Vat Thawi	Idem.	Kampot.	Banteai Meas.	C	102–103	10–11	
Vat Toule Liem	Idem.	Takeo.	Treang.	C	102–103	10–11	
Vat Trapeang Koh	Idem.	Idem.	Prei Krebas.	C	102–103	11–12	
Vinh-Té	Cochinchine.	Chaudoc.	. . . .	E	102–103	10–11	
Vo-Can	Annam.	Nha-Trang.	Khanh-Hoa.	A	106–107	12–13	
Xuan-My	Idem.	Qui-Nhon.	Binh-Dinh.	A	106–107	13–14	
Yang Kur.	Idem.	Phan-Rang.	Khanh-Hoa.	A	106–107	11–12	
Yeai Ban	Cambodge.	Kompong Cham.	Srei Santhor.	C	102–103	11–12	
Yeai Hom	Idem.	Idem.	Kompong Siem.	C	102–103	12–13	
Yeai Pou	. . . .	. . . .	. . . .	. . .	. . .	. . .	V. Vat Bati.
Yeai Tei	Cambodge.	Prei Veng.	Ba Phnom.	C	103–104	10–11	

ANNAM
(PARTIE SUD)

Dressée par le Capitaine LUNET de LAJONQUIÈRE de l'Infanterie coloniale.

Échelle = $\frac{1}{500.000}$

E. LEROUX, Éditeur.

ABRÉVIATIONS

S. pour Song
Tr. pour Tran
Ph. pour Phu
H. pour Huyen
N.

LÉGENDE

ANNAM
(PARTIE NORD)

Atlas archéologique de l'Indo-Chine.

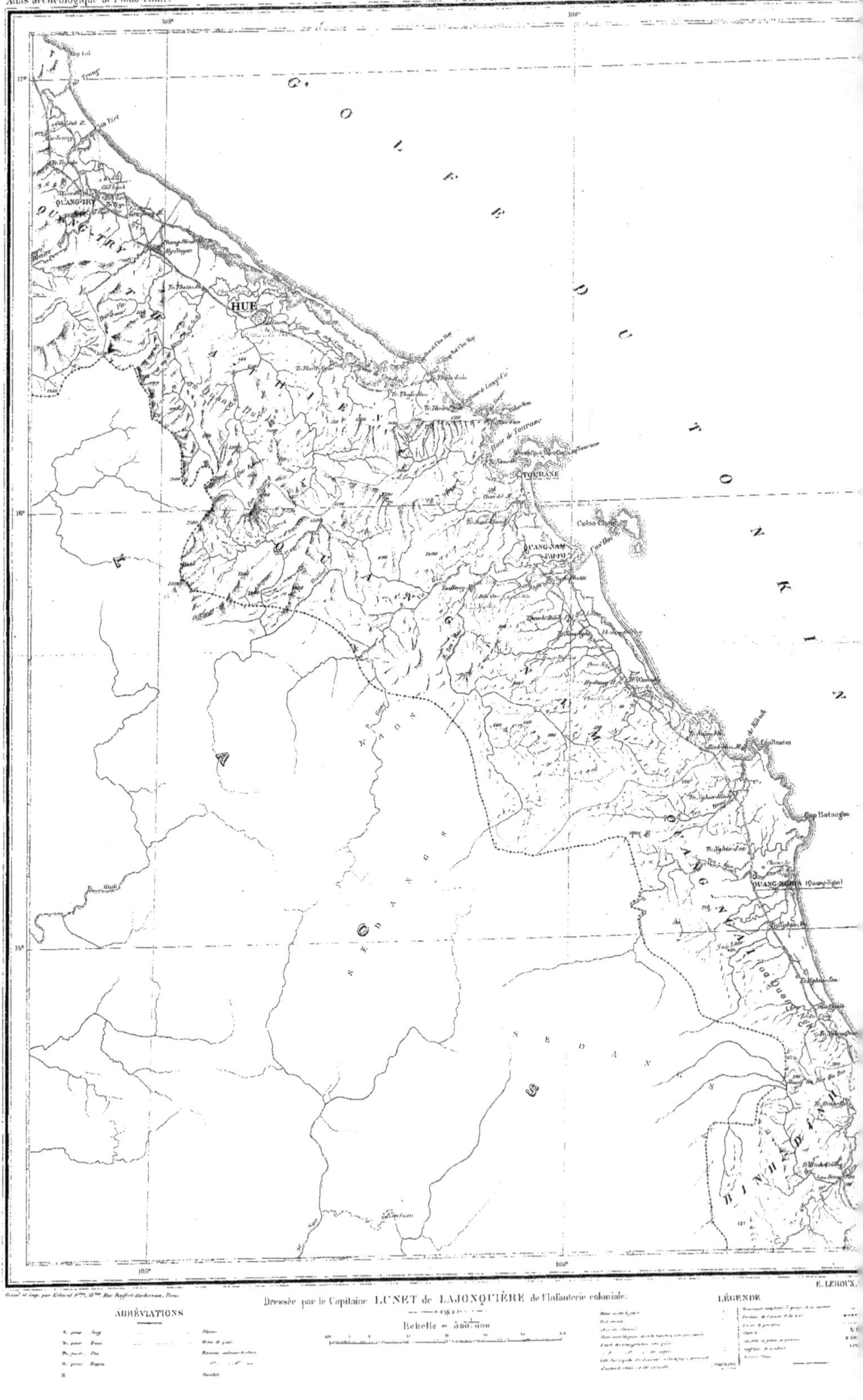

Dressée par le Capitaine LUNET de LAJONQUIÈRE de l'Infanterie coloniale.

Échelle = 1/500.000

Grave et imp. par Erhard Frères, 35 bis Rue Rapport-Bochereau, Paris.

ABRÉVIATIONS

LÉGENDE

CAMBODGE
(PARTIE SUD)

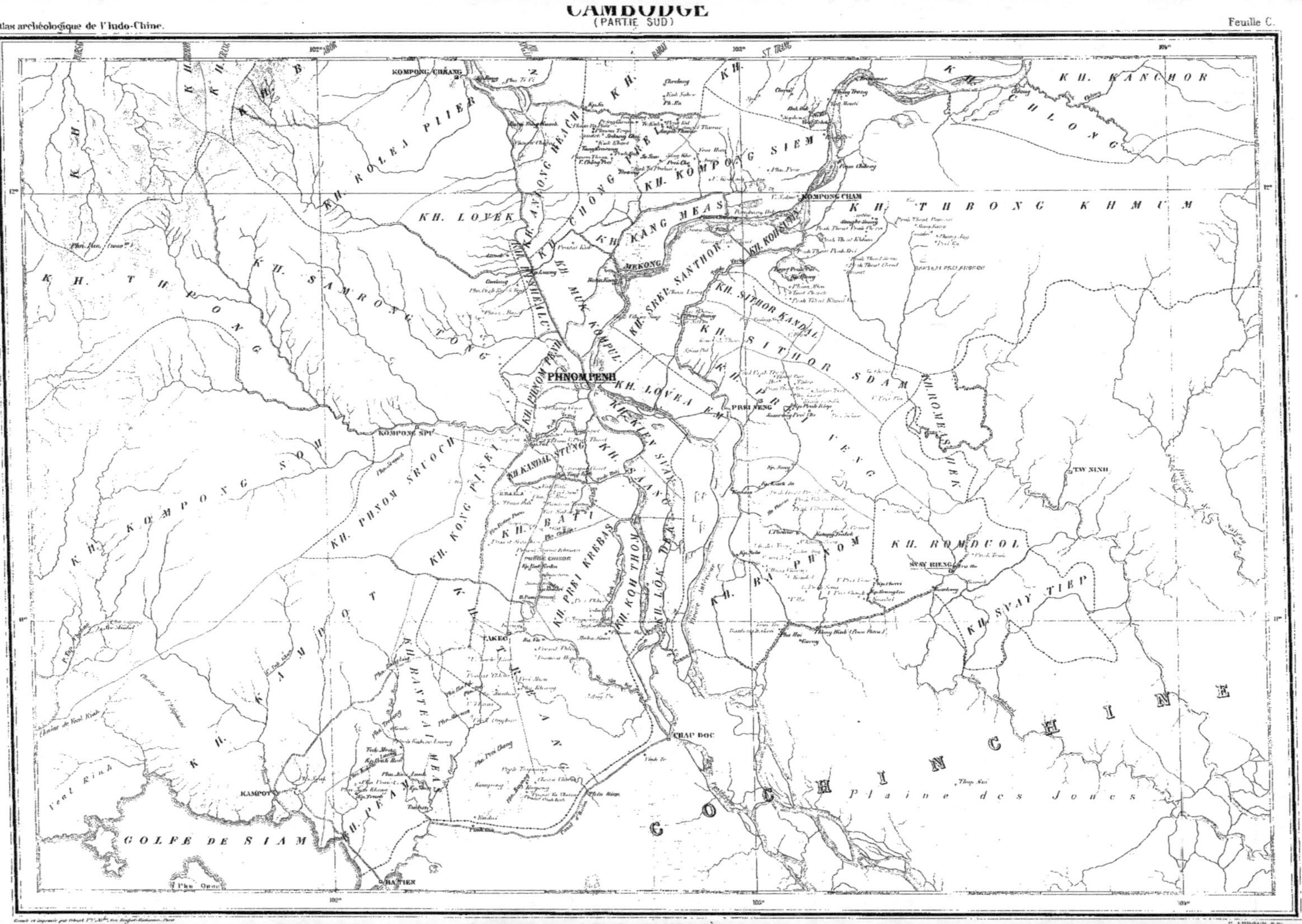

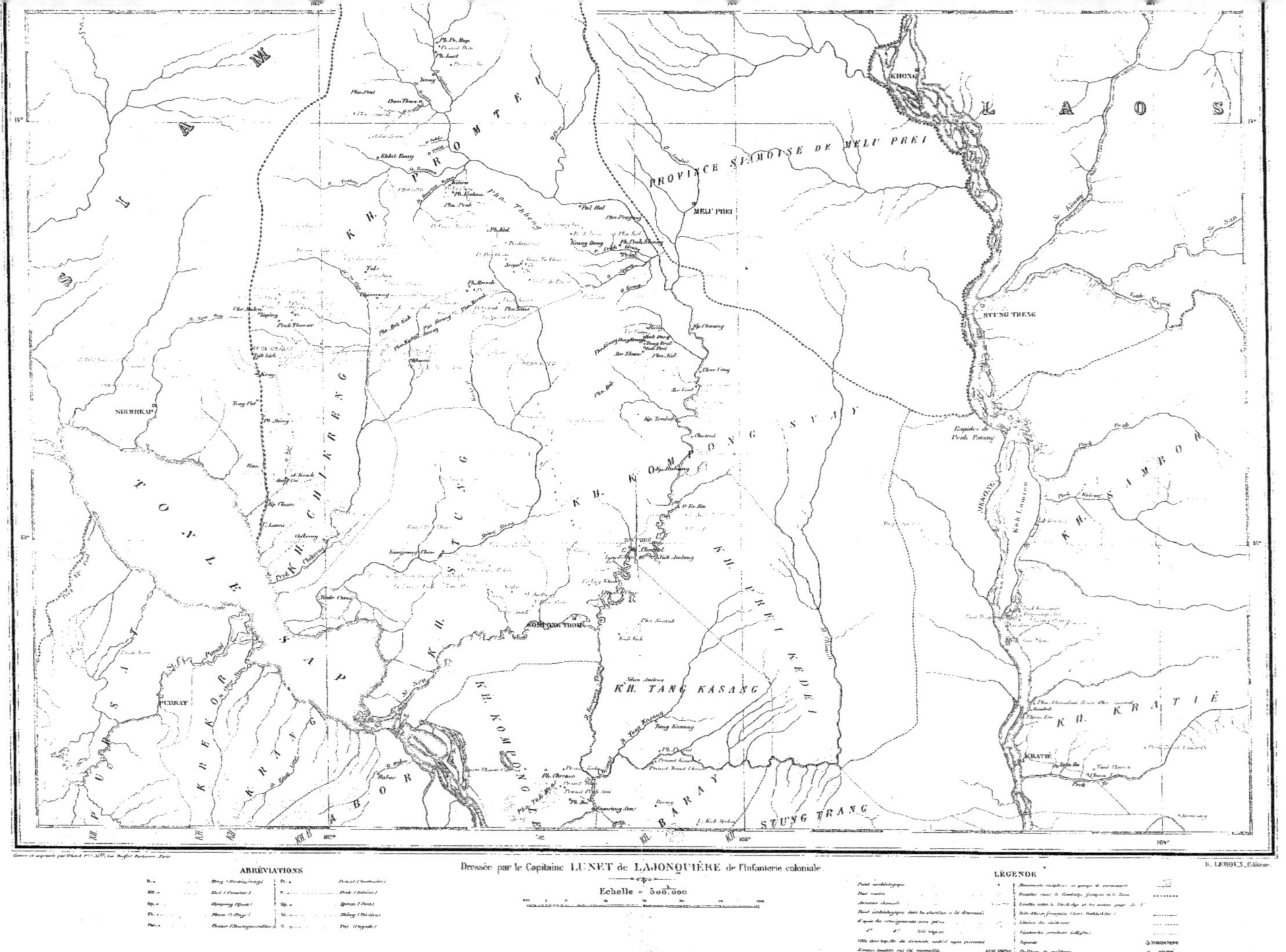

Dressée par le Capitaine LUNET de LAJONQUIÈRE de l'Infanterie coloniale
Echelle = 500.000
ABRÉVIATIONS
LÉGENDE
E. LEROUX, Editeur
SIAM
LAOS
TONLÉ SAP
PROVINCE SIAMOISE DE MELU PREI
KH. CHIKRENG
KH. STUNG
KH. KOMPONG SVAY
KH. PREI KEDEI
KH. TANG KASANG
KH. KOMPONG EN
KH. BARAY
STUNG TRANG
KH. SAMBOR
KH. KRATIÉ
KH. ABOR
KREKOR
KRANG
MPUSSAT
SIEMREAP
KOMPONG THOM
MELU PREI
STUNG TRENG
KHONG
KRATIE
PURSAT
Rapides de Preh Patang

INDO-CHINE

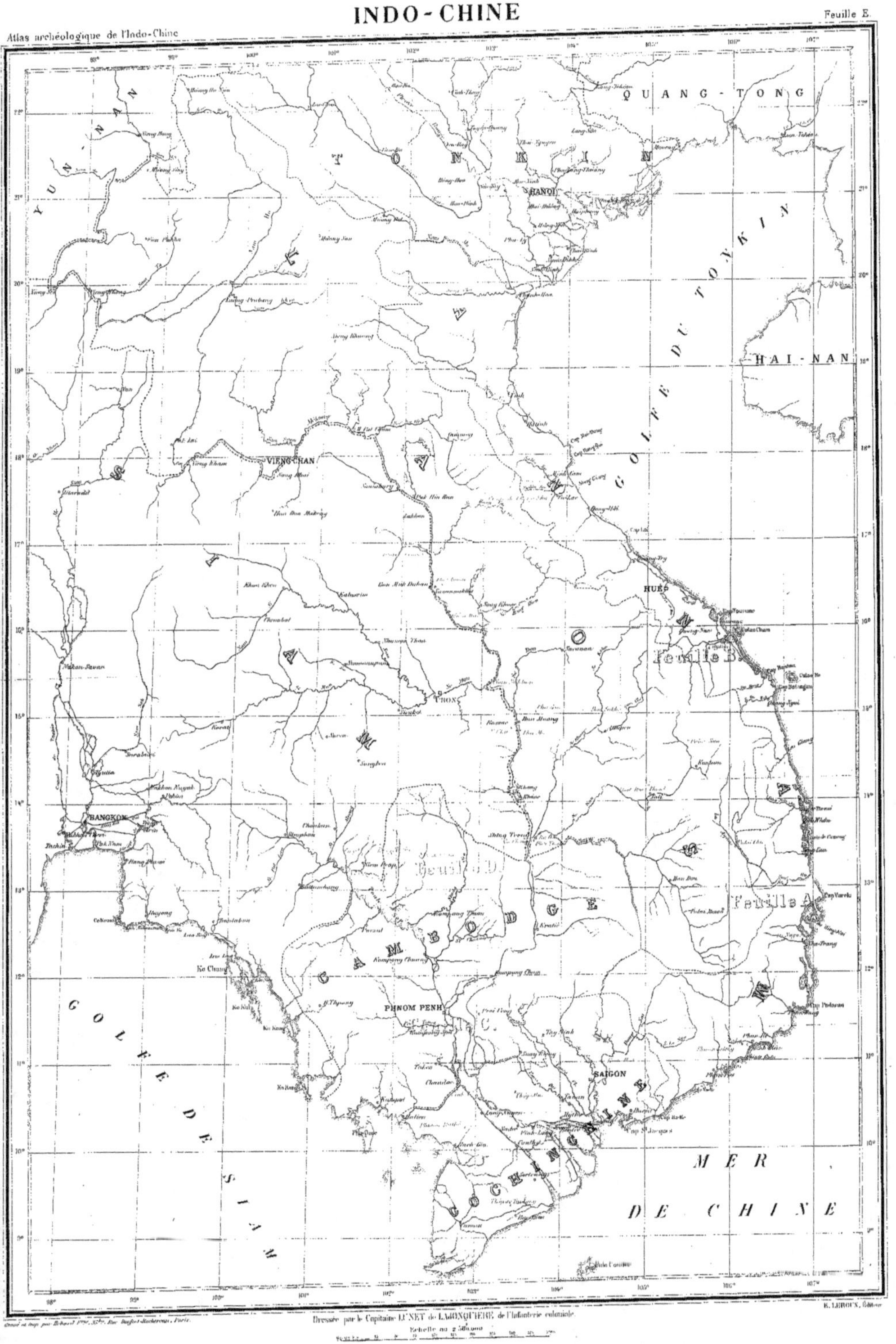

Dressée par le Capitaine LUNET de LAJONQUIÈRE, de l'Infanterie coloniale.

Échelle de 1/3.000.000

Gravé et Imp. par Erhard Frères, 35bis, Rue Denfert-Rochereau, Paris.

E. LEROUX, Éditeur.

www.ingramcontent.com/pod-product-compliance
Lightning Source LLC
Chambersburg PA
CBHW061742060726
47597CB00007B/2717